BÊTES DE SEXE

CHARTE DELACHAUX ET NIESTLÉ

1. L'éditeur nature de référence **depuis 1882.**
2. Le fonds éditorial le plus complet en langue française avec **plus de 450 ouvrages** consacrés à la nature et à l'environnement.
3. Des auteurs **scientifiques et naturalistes reconnus.**
4. Les **meilleurs illustrateurs naturalistes,** pour la précision et le réalisme.
5. Des ouvrages spécifiquement adaptés à l'utilisation sur le **terrain.**
6. Des **contenus actualisés** régulièrement pour relayer les avancées scientifiques les plus récentes.
7. Une **démarche éco-responsable** pour la conception et la fabrication de nos ouvrages.
8. Une **approche pédagogique** qui sensibilise les plus jeunes à l'écologie.
9. Une réflexion qui éclaire les **grands débats sur l'environnement** (biodiversité, changement climatique, écosystèmes).
10. Une implication aux côtés de tous ceux qui œuvrent en faveur de la **protection de l'environnement** et de la conservation de la biodiversité.

▶ RETROUVEZ-NOUS SUR WWW.DELACHAUXETNIESTLE.COM ET SUR FACEBOOK

Responsable éditoriale : Stéphanie Zweifel
Préparation de copie : Jeanne Castoriano
Relecture : Sabine Kuentz
Maquette : Fabienne Gabaude
Fabricante : Carine Ruault

@ Delachaux et Niestlé ; Paris, 2023
ISBN : 978-2-603-02873-5

MIXTE
Papier issu de sources responsables
FSC® C015559

Photogravure : ANR
Achevé d'imprimer en septembre 2023 sur les presses de Drukarnia Interak en Pologne
Dépôt légal : octobre 2023

Cet ouvrage ne peut être reproduit, même partiellement et sous quelque forme que ce soit (photocopie, décalque, microfilm, duplicateur ou tout autre procédé analogique ou numérique) sans une autorisation écrite de l'éditeur. Tous droits réservés pour tous pays.

BÊTES DE SEXE

La diversité amoureuse des humains et des autres animaux

Marc Giraud et Annabelle Pongratz

Préface Benoit Grison
Illustrations Marc Giraud

DELACHAUX ET NIESTLÉ

PAGE 6
PRÉFACE DE **BENOIT GRISON**

PAGE 8 **INTRODUCTION**

PAGE 14 **HISTOIRE NATURELLE DE LA SEXUALITÉ**

MILLE MANIÈRES DE DRAGUER PAGE 34

PAGE 70
QUELS ORGANES !

PAGE 90
PASSAGE À L'ACTE

LE CERVEAU, PREMIER ORGANE SEXUEL PAGE 106

PAGE 126
PLAISIRS ET RIVALITÉS

PAGE 144
SEXE ET SOCIÉTÉ

PAGE 156
IL Y EN A POUR TOUS LES GENRES

PAGE 182
AU-DELÀ DU SEXE

PAGE 187
BIBLIOGRAPHIE

PAGE 191
MINI-DICO

PAGE 192
REMERCIEMENTS

PRÉFACE

Avec *Bêtes de sexe*, Marc Giraud et Annabelle Pongratz nous brossent une fresque à la fois baroque et fascinante, celle de l'histoire naturelle et culturelle de la sexualité. Une fois encore, l'évolution s'avère beaucoup plus inventive que l'esprit humain : comparés au *Kâma-Sûtra* de la Nature dans toute sa richesse foisonnante, des œuvres telles que l'*Ars amatoria* d'Ovide, *Les Délices des cœurs* de l'érudit Ahmad al-Tîfâchî (XIIIe siècle) ou encore les audacieuses fresques sculptées des temples médiévaux hindous paraissent bien peu imaginatives ! Il est vrai que ce *Kâma-Sûtra* de la biodiversité s'est élaboré, via la sélection naturelle, sur une durée de plus de 2 milliards d'années… Générant une diversité biologique buissonnante par le biais de la recombinaison génétique, le sexe aura permis aux êtres vivants d'investir un maximum de niches écologiques sur l'ensemble de la surface du globe.

Les expertises croisées des deux auteurs, l'une sexologue et psychologue, l'autre naturaliste spécialiste du monde animal, restituent une vision des comportements sexuels (ceux d'*Homo sapiens* et des animaux autres) jamais réductrice, mobilisant tour à tour la biologie de l'évolution, l'éthologie, l'histoire des mœurs et la neurobiologie. Conjuguant avec bonheur rigueur scientifique et humour pince-sans-rire, nos deux experts ne s'interdisent pas des rapprochements entre la sexualité humaine et celle des autres espèces, mais ne perdent jamais de vue que les êtres vivants sont à la fois tous semblables et tous différents. Ce faisant, ce beau livre s'inscrit dans la continuité des réflexions de naturalistes et psychologues notables du siècle dernier. Ainsi, zoologiste et neurologue avant que de se consacrer à la psychologie clinique, Sigmund Freud s'est intéressé durant toute sa carrière aux similitudes apparentes entre les comportements sexuels des différentes espèces, incluant la nôtre. Il était d'ailleurs un grand admirateur du travail du naturaliste allemand Wilhelm Bölsche, lequel avait consacré un ouvrage monumental à la *Vie amoureuse dans la nature*. Quant au zoologiste britannique Gerald Durrell, celui-ci a maintes fois souligné ce qu'il devait à la lecture de l'œuvre pionnière du sexologue Havelock Ellis quand il s'agissait de comprendre la sexualité animale.

Car il serait naïf, scientifiquement parlant, d'opposer radicalement les conduites sexuelles humaines, modulées culturellement, à la sexualité des autres animaux, censée être marquée lourdement du sceau de l'inné. Un exemple naturaliste parmi d'autres illustre bien le caractère relatif de cette opposition, celui de la mouche drosophile (*Drosophila melanogaster*). Élevées en laboratoire, des femelles de cette espèce ont manifesté une préférence sexuelle pour des partenaires mâles qui avaient été marqués par l'expérimentateur à l'aide d'un pigment (rose ou vert). Peu à peu, une préférence majoritaire s'est esquissée au sein de l'élevage pour des mâles d'une couleur donnée, et la majorité des femelles a fini par s'accoupler avec des partenaires de cette couleur, à l'exclusion des autres ! On peut ainsi réellement parler de conformisme culturel par imitation chez la drosophile...

La sexualité animale commence donc à être appréhendée dans toute sa complexité. Et ce livre constitue une superbe introduction à ce champ de recherche en plein développement.

Benoit Grison

Docteur en sciences cognitives, biologiste et sociologue des sciences, enseignant-chercheur à l'UFR Sciences et techniques de l'université d'Orléans, membre du conseil scientifique de la revue *Espèces*.

« S'il n'existait point d'animaux, la nature humaine serait encore plus incompréhensible. »

BUFFON

INTRODUCTION

Câliné, modelé et rédigé à quatre mains par une sexologue et un naturaliste, cet ouvrage, fruit d'un travail passionné, dévoile la fabuleuse diversité à la fois des mœurs sexuelles des humains et de celles des autres animaux. En incluant nos propres comportements dans l'ensemble du monde vivant, il les éclaire à la lumière de l'évolution, car nous sommes issus des mêmes processus évolutifs que les autres espèces : tous parents, tous différents[1] !

Nous aborderons donc des questions que tout le monde se pose, autour de la sensorialité animale et humaine, sur les extravagances de la nature ou sur nos ébats intimes. Sommes-nous la seule espèce à connaître l'orgasme, et que se passe-t-il dans notre cerveau à ce moment-là ? Quels sont les mécanismes de l'érection masculine ou féminine ? Quelles hormones*[2] interviennent dans la tendresse et l'attachement ? Quelles espèces pratiquent-elles l'homosexualité, le cunnilingus, la fellation, la transsexualité*, la masturbation, l'infidélité ?

Certains animaux font bien plus encore : notre pauvre *Kâma-Sûtra* humain est dépassé par leur inventivité. Nous découvrirons les femelles qui se reproduisent sans mâle, les poissons anti-machos, les crapauds obsédés sexuels, les mouettes bisexuelles, les girafes gays, les mouflons asexuels* (voir p. 180), l'oiseau qui drague en offrant des fleurs, le homard qui séduit en faisant pipi par les yeux, la ceinture de chasteté du hérisson, le *manspreading* des singes mâles, qui aiment montrer leurs bijoux de famille (et les guenons qui refusent leurs avances), le mâle qui a des règles, celui qui vit *dans* sa partenaire, les femelles qui

---

1. Allusion à une exposition restée à l'affiche au musée de l'Homme de 1992 à 1995.
2. Les termes suivis d'un astérisque sont expliqués dans les encadrés (« Nom de nom », notamment).

sélectionnent les « bons coups » et, bien sûr, les exhibitions torrides et décomplexées des bonobos, si proches de nous... Nous découvrirons, enfin, la fantastique variété de mœurs de notre propre espèce, qui explose quand même elle aussi d'une sacrée liberté inventive.
En matière de sexe, la norme, c'est la diversité !

LE SEXE ET LE PLAISIR, AU CENTRE DE TOUT ?

Toutes ces sexualités nécessitent des outils spécialisés. D'une espèce à l'autre, les organes sexuels sont les parties du corps les plus incroyablement variées qui puissent exister. Nous allons en découvrir chez les animaux de formes extravagantes, absurdes, déroutantes, comme si tous les possibles étaient expérimentés : pénis doubles, musicaux ou détachables, utérus triples ou vagins en spirale, vulves clignotantes, clitoris épineux ou en forme de phallus... Les organes génitaux se transformant beaucoup plus vite que tous les autres, ce sont les témoins les plus éloquents de la puissance de l'évolution. Généralement situé au centre des individus, le sexe est également au centre de l'évolution des espèces, il est le moteur incandescent des mouvements millénaires qui créent toutes les formes de vie.

Les organes sexuels sont les témoins les plus éloquents de la puissance de l'évolution.

Les bouillonnantes sexualités des uns et des autres sont, tout logiquement, aussi éclectiques que les organes eux-mêmes. La motivation suprême de tant de dépense d'énergie, la jouissance, cette palpitante esquisse de paradis, a longtemps été ignorée des sciences zoologiques. Pourtant, les délices du désir et du plaisir ne sont pas réservés aux seuls humains, nous allons en découvrir l'importance dans la nature. Bienvenue dans la grande fête sexuelle du monde vivant !

TOUS DES BÊTES !

La formule « les humains et les autres animaux » vous aura peut-être choqué·e. N'est-il pas abusif de nous comparer aux bêtes ? Non, puisque nous faisons partie du règne animal ! Depuis quelques années, la science ouvre notre regard sur l'unité du monde vivant. Elle fait tomber toutes les frontières idéologiques que nous avions dressées entre les autres animaux et nous-mêmes : utilisation d'outils, tabou de l'inceste, anticipation, plaisir, amitié, tendresse, empathie, entraide, notion de bien et de mal, etc. Même le rire n'est plus le « propre de l'homme[1] » si cher à Rabelais : aujourd'hui, nous savons que les rats rient. Et le grand Darwin, qui ne semblait pas encombré par ces idées toutes faites, chatouillait les chimpanzés du zoo de Londres pour les faire se tordre de rire ! Sur cette prétendue distinction entre nous et les autres espèces, il avait eu cette formule si juste : « La différence n'est pas de nature, mais de degré. » Des chercheurs comme le primatologue Frans de Waal considèrent aujourd'hui que « la charge de la preuve revient à ceux qui postulent la discontinuité avec les grands singes et non le contraire[2] ».

Sinon, il faudrait parler aussi du propre de la girafe, du colibri ou du ver de terre, car chaque genre animal bénéficie de talents qui n'appartiennent qu'à lui : nous sommes *tous* exceptionnels ! En sexualité aussi.

UNE SINGULARITÉ SEXUELLE DES HUMAINS

Comme les autres animaux, les humains ont leurs petites particularités. En dehors de notre cerveau très développé, qui influence abondamment nos comportements, la plus importante de nos singularités est certainement notre station verticale. Nous sommes la seule espèce qui se déplace systématiquement sur ses deux pattes arrière ; cette originalité physique a des répercussions logiques sur l'emplacement de nos organes génitaux, et donc sur notre sexualité.

La bipédie a des répercussions sur l'emplacement de nos organes génitaux et sur notre sexualité.

À l'arrière, avec la marche, les muscles fessiers humains se sont singulièrement développés. Au centre, la vulve et l'orifice vaginal féminins se retrouvent cachés par les cuisses lorsque les jambes sont parallèles, alors qu'à l'avant, les attributs masculins restent bien exposés. Chez les deux sexes, la pilosité est à la fois apparente et localisée au pubis, constituant certainement une signalétique

---

1. François Verheggen, Un Tanguy chez les hyènes. 30 comportements que nous partageons avec les animaux, coll. « Le propre de l'homme », Delachaux et Niestlé, 2023.
2. « Les animaux ont-ils un sens moral ? », Sciences et Avenir, Hors-série, n° 139, juin 2004.

visuelle et olfactive. À l'intérieur du corps, l'utérus siège au-dessus du vagin, contrairement aux quadrupèdes chez qui ces organes sont plutôt alignés horizontalement. Au-dessous, le périnée (ou plancher pelvien) agit comme un hamac musculaire antigravité qui retient les organes. Sa présence a entraîné un changement de direction et un grand allongement du vagin. Lequel, par coévolution, a logiquement conduit à l'allongement du pénis.

Avec une telle géographie génitale, la position amoureuse face à face, dite du missionnaire, est devenue un grand classique de nos ébats intimes. Certes, la position courante de la copulation des quadrupèdes, la levrette, reste possible chez les humains, mais les potentialités de postures amoureuses sont particulièrement variées chez les espèces douées de bipédie. Comme nous, les fameux bonobos pratiquent la levrette ou le missionnaire, mais aussi d'autres positions proches de l'acrobatie : ils sont capables de copuler suspendus par les pieds ! Associé à la stature verticale, l'amour face à face, qui réunit les visages et les regards, a certainement favorisé les échanges affectifs. Les tempêtes hormonales de l'état amoureux font le reste : le mot « amour » désigne à la fois l'acte sexuel et le volcan passionnel des sentiments.

UN TERRAIN GLISSANT

Nous regardons le monde avec nos yeux, mais aussi avec nos idées. Les préceptes de la science, malgré sa volonté de rester toujours objective, sont souvent influencés par l'époque à laquelle ils sont émis et par les préjugés de la société. Ainsi de la misogynie. Aussi, aborder les thèmes de la sexualité, des rapports entre mâles et femelles, que ce soit chez les humains ou au sein d'autres espèces, c'est s'aventurer sur des terrains ô combien glissants !

Par exemple, il existe des différences biologiques indéniables entre les mâles et les femelles, donc entre les hommes et les femmes. Cependant, ces constatations n'entraînent pas pour nous de conclusion sexiste. Nous insistons donc bien sur ceci : « différence » n'implique ni « supériorité » ni « infériorité » des un·e·s et des autres.

Bien sûr, certains estimeront que nos précautions témoignent aussi d'idées « en vogue » dans nos sociétés actuelles, et sortiront le bazooka du wokisme. Peut-être y a-t-il d'ailleurs d'autres préjugés cryptés dans notre démarche, qui seront un jour remis en question… ou pas. Mais en nous en tenant à la réalité des faits, depuis l'observation des animaux jusqu'à celle de nos fonctionnements biologiques, nous pensons nous prémunir contre les généralités simplistes, et proposer une lecture assez solide pour résister au temps.

C'est ainsi que la science avance depuis toujours, avec d'inévitables imperfections, mais surtout avec rigueur. Cette rigueur et cette honnêteté seront donc notre fil conducteur.

« Ceux que nous appelions des brutes eurent leur revanche quand Darwin nous prouva qu'ils étaient nos cousins. »

George Bernard SHAW

« Les animaux et les hommes font tourner la terre en coïtant. »

Georges BATAILLE

« La vie est une maladie sexuellement transmissible. »

Edward BELLAMY

Comment le sexe vient aux alligators (voir page 81).

HISTOIRE NATURELLE DE LA SEXUALITÉ

L'histoire naturelle du sexe et de notre sexualité commence par une implacable évidence : nous sommes mortels. Pour ne pas disparaître elle-même, l'espèce à laquelle chacun appartient ne repose que sur la reproduction des individus qui la composent. Le sexe serait-il obligatoire ? Pas tout à fait… mais presque !

BRÈVE HISTOIRE DE LA SEXUALITÉ

Sexualité et reproduction sont deux éléments distincts. Ainsi, la sexualité ne s'est pas manifestée en même temps que la vie, car le sexe n'est pas nécessaire à la reproduction. Au fil de l'évolution est apparu l'accouplement avec pénétration, ce qui parle aux mammifères que nous sommes, mais bien d'autres espèces procèdent autrement. Voici un petit échantillon des trouvailles de l'évolution, avec ce bonus pour les heureux gagnants : le plaisir.

SE REPRODUIRE… SANS PLAISIR

En fait, la seule « reproduction » digne de ce nom est le clonage : on reproduit deux organismes à l'identique (comme pour une photocopie). C'est la façon la plus simple et sans doute la plus ancienne d'assurer une descendance : se cloner soi-même, ou plutôt se diviser en deux. C'est certainement ce qu'ont pratiqué les premiers organismes vivants. Mais dans ce cas, c'est *No sex* ! Ainsi procèdent encore les amibes, ces êtres simples et informes qui ne comportent qu'une cellule : pour perpétuer leur espèce, elles se coupent elles-mêmes en deux ! Cette division binaire porte le doux nom de « scissiparité » (du latin *scindo*, « scinder »). Il n'y a pas besoin de sexe dans cette reproduction. Pour ces êtres sans cervelle, les avantages sont nombreux. Sans se mettre en quatre, ils font circuler leurs gènes rapidement, ils ignorent les maladies sexuellement transmissibles et s'épargnent la fatigue d'avoir à élever des petits. Mais, compte tenu de l'absence de système nerveux, leur reproduction ne déclenche certainement pas d'orgasme.

La scissiparité : la reproduction par excellence.

À DEUX, C'EST MIEUX !

L'histoire de la sexualité aurait débuté il y a environ 1,5 milliard d'années avec les eucaryotes (nous en sommes !), ces organismes dont la ou les cellules comportent un noyau. Ce noyau abrite l'ADN, la carte d'identité génétique de l'individu, qui est propre à chacun[1].

La reproduction sexuée met en jeu deux êtres différents pour en créer un ou plusieurs nouveaux : c'est le contraire de la division binaire, qui produit deux êtres semblables à partir d'un seul. Le mot « sexe » aurait la même étymologie que « section » : une division entre deux genres. Par définition, la reproduction sexuée demande en effet le rapprochement de deux organismes pour permettre la fécondation d'une cellule par une autre qui lui est complémentaire.

Il faut croire que l'aventure du sexe a des avantages, car elle s'est largement répandue dans le monde vivant, y compris chez les végétaux.

---

1. La recombinaison génétique existe avant les eucaryotes, avec le phénomène de « conjugaison bactérienne ». Mais il s'agit plus d'un transfert horizontal de gènes (issus du chromosome bactérien ou bien du plasmide, un anneau d'ADN présent dans le cytoplasme) d'une bactérie A vers une bactérie B – dans une seule direction.

D'ailleurs, nous en sommes toujours là et, en bons eucaryotes, les humains ne sont pas plus originaux que les tulipes, les mouches ou les baleines. En tout, 95 % des espèces actuelles se reproduisent grâce à la sexualité !

MAIS À QUOI « SERT » LE SEXE ?

En engendrant des variations entre générations, la reproduction sexuée évite le clonage : chaque enfant est unique, car il partage le matériel génétique de ses deux parents avec un assortiment différent, et peut-être avec des mutations avantageuses. En cas de maladie, de parasites (voir p. 30) ou de pollution, l'espèce aura plus de chances de receler des individus capables de résister. Dans une population de clones, au contraire, si un membre est vulnérable à une agression, tous les autres le sont de la même manière, et l'espèce entière risque de disparaître. La variété est donc une garantie de résistance au sein d'un groupe. L'avantage de la reproduction sexuée joue sur le long terme, à l'échelle des populations et non de chaque individu. La sexualité est ce qui prolonge l'espèce et la rend pérenne.

Fabriquer du nouveau présente un autre avantage : les recombinaisons génétiques opérées de génération en génération sont autant d'occasions d'éliminer certaines mutations néfastes de l'ADN. Ainsi, les héritages dommageables ont plus de chances d'être purgés grâce à la reproduction sexuée.

ARRÊTEZ VOS CLONERIES !

Sans que l'on sache expliquer entièrement pourquoi, la plupart des espèces à reproduction asexuée ne perdurent pas longtemps et finissent par s'éteindre. Mais il y en a, tels ces invertébrés d'eau douce de 3 mm, les rotifères bdelloïdes, qui existent depuis une centaine de millions d'années alors qu'ils sont asexués (voir illustration p. 18).

D'un point de vue évolutif, le mâle est parfois considéré, dans la reproduction sexuée, comme un parasite de la femelle. En effet, il se contente de distribuer ses gènes dans sa partenaire, qui aura seule la charge de les reproduire, puis il s'en va. Le terme de parasite est en tout cas justifié pour la baudroie des abysses (*Melanocetus* sp.) : minuscule par rapport à la femelle, le mâle se scotche à elle par la bouche. Il y perd ses dents, mais aussi son autonomie, car il branche ses systèmes sanguin et digestif sur elle, puis se nourrit à ses dépens toute sa vie. Il n'est plus qu'une réserve de sperme à disposition de sa partenaire et n'a pas d'autre utilité.

Certaines populations animales se sont d'ailleurs totalement débarrassées des individus mâles et de leurs spermatozoïdes. Les femelles divisent alors leurs œufs et font des bébés toutes seules : c'est le phénomène de la parthénogenèse, ou le retour paradoxal au clonage.

On retrouve cette reproduction d'individus identiques chez les lézards à queue en fouet, ou fouette-queues (*Cnemidophorus* sp.), où les mâles ont complètement disparu. Néanmoins, la femelle a besoin du stimulus d'une parade nuptiale, qui se fait donc avec une congénère. Celle qui pondra a des ovaires plus volumineux que celle qui lui monte sur le dos et lui mordille le cou. En captivité, une femelle est capable de se cloner seule, mais les petits seront moins nombreux et en moins bonne santé. Bien que la parthénogenèse expose l'espèce aux dangers du manque de brassage génétique, la relation entre partenaires du même sexe, même sans fécondation, reste préférable à un total isolement.

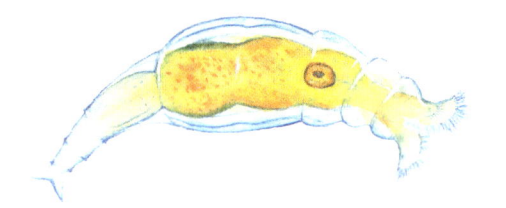

Le rotifère, une pauvre bête qui ne connaît pas la sexualité.

POURQUOI Y A-T-IL DES MÂLES, DES FEMELLES ET RIEN D'AUTRE ?

La question se pose : il pourrait n'exister qu'un seul sexe, car rien n'interdirait qu'un unique type de cellule sexuelle puisse féconder ses semblables. On pourrait aussi imaginer plus de sexes différents : l'amour à douze, c'est peut-être plus rigolo, mais certainement moins pratique !

L'une des hypothèses les plus plausibles pour répondre à cette question est aussi l'une des plus fascinantes. Elle repose sur la présence de minuscules structures logées dans nos cellules : les organites. À leur origine lointaine, certains organites étaient des bactéries extérieures, qui se sont

> **NOM DE NOM**
>
> **Du gamète à la fécondation**
> Le **gamète**, ou cellule sexuelle, est la cellule reproductrice. C'est le **spermatozoïde**[1] chez les mâles, **l'ovocyte**[1] chez les femelles. Ce n'est qu'une fois mûr que l'ovocyte est appelé **ovule**, même si le langage courant utilise souvent le mot « ovule » à tous les stades. L'œuf de la poule, s'il n'est pas fécondé, n'est rien d'autre qu'un gros ovule.

intégrées au fil du temps dans les cellules d'autres êtres vivants et ont fini par « coopérer[2] », par participer au fonctionnement de la cellule. Or, pendant l'accouplement et la fécondation, les cellules reproductrices de chaque parent fusionnent, et cette fusion aurait pu entraîner une rivalité interne entre les organites, peu souhaitable pour leur hôte. La sélection naturelle a trouvé une solution géniale en faisant émerger deux types de cellules sexuelles (voir « Nom de nom », ci-dessus) : des grosses, riches de tous les organites (les ovules*), et des petites (les spermatozoïdes*) qui en possèdent peu, et qui les abandonnent avant de pénétrer dans l'ovule. Les organites se retrouvent donc tous d'un même côté, il n'y a pas de compétition entre deux équipes rivales. Et les deux types de cellules sexuelles correspondent à deux sexes différenciés.

L'« INVENTION » DE L'ACCOUPLEMENT

Comme la vie, la sexualité est certainement née dans l'eau. Chez les oursins (*Echinoidea*) comme chez la plupart des poissons ou des amphibiens, les représentants de chaque sexe éjectent en même temps leur laitance directement dans le milieu aqueux. L'attraction chimique et le courant se chargent de mettre en contact les gamètes* sexuels, ce qui les fertilise. On appelle ça la fécondation externe, car aucun contact

---

1. Pour rappel, chacun, haploïde, ne contient qu'un nombre impair de chromosomes, mais l'union des deux gamètes de sexe différent forme un œuf, diploïde, comportant un nombre dédoublé de chromosomes (sous forme de paires identiques) : c'est la fécondation.
2. Marc Giraud, Mille milliards de microbes. Virus, bactéries et autres minuscules alliés de notre corps. Préface de Marc-André Selosse. Delachaux et Niestlé, 2021.

physique n'est nécessaire entre les mâles et les femelles. Mais ils doivent néanmoins se rapprocher un minimum pour la reproduction.

Bien qu'ils se fécondent aussi en externe, d'autres se rapprochent plus étroitement, comme les crapauds communs (*Bufo bufo*) de nos régions, qui copulent sans pénétration. Lorsqu'elles sortent d'hibernation, ces petites bêtes n'ont qu'une idée en tête : se reproduire. Sans même penser à se nourrir, les crapauds rejoignent un point d'eau, en général celui qui les a vus naître. Les mâles sont alors de vrais obsédés sexuels et attrapent tout ce qui bouge, y compris le museau des poissons ! Si c'est une femelle de leur espèce, ils s'y accrochent en l'entourant de leurs bras par un réflexe nommé amplexus, et ils ne pourront s'en détacher qu'au bout de 8 à 15 jours, le temps de synchroniser leurs cycles reproducteurs. La femelle expulse alors ses gamètes et cela stimule le mâle à en faire autant. Cette nécessaire synchronisation a été découverte au XVIIIe siècle par l'impitoyable abbé Lazzaro Spallanzani, un savant qui amputa vivants des centaines d'animaux pour ses expériences. Concernant l'étude des crapauds, l'affaire fut moins barbare, car l'abbé s'était contenté de leur enfiler… des caleçons à bretelles. Résultat des bourses : les caleçons ne s'imprégnaient de sperme qu'après la ponte des femelles. Des milliers d'ovules sont éjectés des ovaires, ils se font fertiliser par le mâle à leur sortie, et les chapelets d'œufs fécondés sont laissés à leur développement sur les plantes subaquatiques, sans aucun soin parental.

AVEC OU SANS PÉNÉTRATION ?

L'accouplement avec pénétration existe déjà dans l'océan depuis des millions d'années avec les requins, qui ont « inventé » la maternité et l'organe sexuel d'intromission. Monsieur Requin en a même une paire, des hémipénis, qui sont en fait un membre viril divisé en deux, un seul de ces deux outils servant à la transmission du sperme.

Le développement des œufs dans le corps de la femelle a été une innovation capitale, qui a permis à bien des lignées animales d'évoluer hors de l'eau. Cette gestation interne, qui restitue les conditions du milieu aquatique, est donc celle des animaux terrestres. Certaines espèces à gestation interne s'accouplent sans intromission, comme la plupart des oiseaux, qui pratiquent le « baiser cloacal », un simple contact cloaque contre cloaque permettant la transition du sperme.

Mais la fécondation s'obtenant plus facilement avec un instrument d'introduction, beaucoup d'autres espèces – dont la nôtre – se reproduisent par pénétration-enveloppement de leurs organes génitaux. Le principe de cette fécondation interne est un emboîtement intime des organes, un mécanisme anatomique qui nécessite un réceptacle lubrifié et un pénétrant rigide. Or, l'excitation sexuelle provoque exactement ces conditions de fonctionnement : au cours des ébats amoureux, l'organe génital femelle s'humidifie et l'organe génital mâle se rigidifie. Si ces ébats sont hétérosexuels, chaque partenaire se retrouve prêt à la pénétration, qui permettra une fécondation interne. C'est dit sans romantisme outrancier, mais il s'agit quand même d'une belle mécanique ! Ce qui n'occulte pas le désir, le plaisir et les sentiments, qui passent par le cerveau, premier organe sexuel, sur lequel nous reviendrons.

BON À SAVOIR

La sexualité en 6 recettes

Schématiquement, voici les 6 modalités de l'histoire de la sexualité[1] :

1. Les gamètes* sexuels mâles et femelles (voir p. 19) libérés dans l'eau se rejoignent par attraction chimique. C'est la reproduction de la plupart des poissons.
2. L'attraction chimique des spermatozoïdes vers les ovules se réalise alors qu'ils sont enchâssés dans les tissus de la femelle. C'est l'accouplement traumatique des punaises des lits (voir p. 134) ou des sangsues.
3. Les mâles sont attirés par le frai au moment de son émission. Cela concerne des poissons et des batraciens.
4. La fécondation interne par le mâle s'opère grâce à l'intermédiaire d'un spermatophore* (voir « Nom de nom » p. 22) fixé sur le sol, comme le font de nombreux acariens.
5. La fécondation interne par le mâle se fait avec un spermatophore* inséré dans les voies génitales de la femelle (araignées et plusieurs insectes).
6. La fécondation interne par le mâle se réalise pendant l'accouplement (ça, c'est nous !).

---

1. D'après Yveline Leroy, L'Univers odorant de l'animal. Les stimulations chimiques dans les communications et les comportements des animaux, Éditions Boubée, 1988.

Vous avez dit « spermatophore » ?
Le **spermatophore** est un sac détachable contenant les spermatozoïdes que le mâle doit transférer à la femelle d'une manière ou d'une autre. Il existe surtout chez les invertébrés (araignées, insectes, mollusques), mais aussi chez certains vertébrés comme les tritons.

LA JOUISSANCE, CADEAU DE L'ÉVOLUTION

Retenu par la sélection naturelle, le plaisir sexuel est certainement un bel exemple de fonction ayant dérivé vers une existence propre, en partie détachée de l'évolution qui l'a fait naître. Une sorte de cadeau bonus, de récompense sensorielle et émotionnelle stimulant le désir de s'accoupler offerte à la plupart, sinon à l'ensemble des espèces animales (voir p. 117).

La jouissance est devenue une motivation en soi dans de nombreux cas. Du point de vue de l'évolution, cela peut contribuer à expliquer la persistance de comportements comme l'homosexualité ou la masturbation, alors qu'ils ne se transmettent pas génétiquement, et ne participent donc pas à la sélection naturelle ou sexuelle. Ils ne les empêchent pas non plus. Sans oublier la tendresse et les sentiments, nous constatons que l'orgasme n'est pas lié à la fonction reproductrice, et réciproquement.

Dans son livre *Histoire naturelle du plaisir amoureux,* le professeur Thierry Lodé constate : « Au fur et à mesure de l'histoire évolutive, les groupes zoologiques vont connaître une dramatique réduction de leur progéniture, alors même qu'ils consacrent de plus en plus de temps à leur vie sexuelle[1]. » De plus, il existe des orgasmes non génitaux, obtenus par stimulation des seins ou de la prostate : le plaisir s'est désormais affranchi de son avantage strictement reproductif et évolutif, pour le plus grand bonheur de toutes et de tous.

---

1. Thierry Lodé, Histoire naturelle du plaisir amoureux, *Odile Jacob, 2021, p. 71. On peut aussi penser que les décharges émotionnelles de l'orgasme renforcent l'attachement des partenaires et peuvent favoriser l'élevage commun des petits, donc conduire indirectement à une certaine réussite de la reproduction, mais cela n'a rien de systématique.*

CHARLES DARWIN ET LA DÉCOUVERTE DE LA SÉLECTION SEXUELLE

Dépassant les préjugés de son époque, Charles Darwin a fait faire un grand bond à nos connaissances. Il a osé placer l'être humain dans le règne animal, décrypté les principaux mécanismes de l'évolution des espèces et a pointé le rôle primordial de la sexualité dans cette évolution. Depuis Darwin, le plaisir et l'orgasme n'ont cessé de prendre de l'importance dans les considérations scientifiques : nous sommes toutes et tous des bêtes de sexe.

Cependant, nous verrons que les humains rompent parfois avec cette logique évolutive en imposant des limites sévères à leur sexualité, notamment pour des raisons morales.

BON À SAVOIR

Les mécanismes de l'évolution

Avec son livre révolutionnaire *L'Origine des espèces,* publié en en 1859, Charles Darwin a jeté les bases de la biologie moderne. Sa théorie, souvent complétée, parfois réajustée, n'a jamais été fondamentalement démentie. Il a révélé le fonctionnement de la sélection naturelle et de l'évolution des espèces, qui tient sur des principes simples :

1. Chaque individu est différent des autres, et parmi ses caractéristiques, certaines sont transmissibles à sa descendance.

2. Les individus naissent trop nombreux pour que tous survivent, car les capacités de l'environnement sont limitées.

3. Ceux qui survivent sont ceux qui possèdent les variations les plus favorables. Ils se reproduisent et transmettent leurs caractères, qui deviennent prépondérants dans la population. Les autres sont éliminés par les contraintes du milieu. De génération en génération, cette sélection naturelle engendre une évolution des espèces.

L'ÉNIGME DE LA QUEUE DE PAON

Le hic, c'est que certains animaux sauvages présentent des formes encombrantes qui ne suivent pas entièrement cette logique de la sélection naturelle. Entre le cerf et la biche (*Cervus elaphus*), pourquoi l'un porte-t-il des bois et pas l'autre ? Ces bois sont lourds et gênants, coûteux en énergie, et ne représentent pas un caractère favorable à la survie. Sinon, les deux sexes auraient la même apparence, et les biches porteraient des bois elles aussi !

Darwin s'est longtemps gratté la barbe devant la queue du paon (*Pavo cristatus*) mâle, qui soulevait des questions, car elle est handicapante et ne correspond en rien à un avantage pour la survie de l'individu. Dès *L'Origine des espèces*, le naturaliste explique ce paradoxe par ce qu'il nomme la « sélection sexuelle », mais ne développe celle-ci qu'en

---

BON À SAVOIR

Les mécanismes de la sélection sexuelle

Comme la sélection naturelle, la sélection sexuelle repose elle aussi sur des principes simples :
1. Les individus de la même espèce et du même sexe se trouvent en rivalité pour accéder à l'accouplement : c'est la compétition intrasexuelle.
2. Dans une espèce sexuée, les individus choisissent leurs partenaires de l'autre sexe pour la reproduction : c'est la sélection intersexuelle. Sans s'arrêter aux préjugés sexistes de son époque, Darwin observait que ce choix des partenaires est généralement effectué par les femelles, et donnait à celles-ci un rôle fondamental dans l'évolution. Ces deux grands mécanismes évolutifs (compétition intrasexuelle et sélection intersexuelle) interagissent et ont un impact sur les descendants : nous sommes tous, humains ou non humains, issus des choix amoureux de nos ancêtres ! La sélection sexuelle joue donc plus sur la survie de l'espèce que sur celle de l'individu (voir « Le handicap séducteur », ci-contre).

D'autres mécanismes peuvent entrer en jeu, notamment une compétition intersexuelle : les mâles et les femelles d'une même espèce n'ont pas forcément les mêmes intérêts et se retrouvent parfois en rivalité, comme nous le verrons plus loin (p. 128). Notons aussi que ces deux principes généraux se nuancent avec les espèces hermaphrodites* (voir « Nom de nom, p. 169), par exemple.

1871, dans *La Filiation de l'homme et la sélection liée au sexe*[1]. Dans une Angleterre engluée dans la pudibonderie victorienne, et malgré les demandes insistantes de son éditeur, Charles Darwin osait écrire sans détours le mot « sexe » dans son titre ! Bien avant Sigmund Freud, il en pointait déjà l'importance en révélant son rôle capital dans l'évolution des espèces. Tout aussi révolutionnaire que la sélection naturelle, la sélection sexuelle la complète et la rend plus compréhensible.

LE HANDICAP SÉDUCTEUR

En règle générale, des caractères comme une couleur vive, un chant puissant ou une morphologie symétrique sont les plus attractifs pour les femelles. Ces signaux sont appelés « honnêtes », car ils ne peuvent pas mentir sur la bonne santé du mâle qui est capable de les produire et sur sa qualité de géniteur potentiel. Ce sont ces caractéristiques que les femelles choisissent au cours des parades. Elles ont même tendance à être attirées par des stimuli tape-à-l'œil jusqu'à l'exagération.

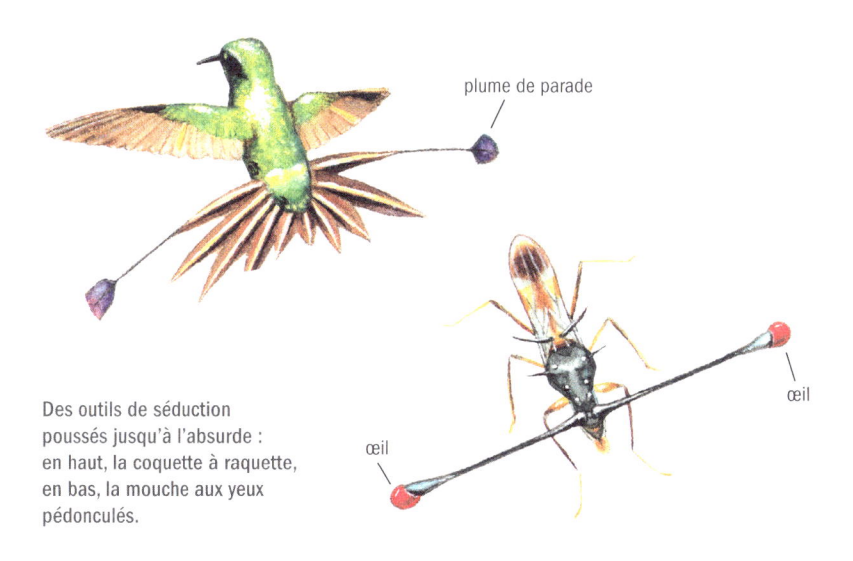

Des outils de séduction poussés jusqu'à l'absurde : en haut, la coquette à raquette, en bas, la mouche aux yeux pédonculés.

plume de parade

œil

œil

---

1. Charles Darwin, La Filiation de l'homme et la sélection liée au sexe *(version 1877)*, Institut Charles Darwin International/Éditions Syllepse, 2000.

Ainsi, de génération en génération, le succès attractif de caractères comme la symétrie (voir p. 57) a engendré des formes excentriques, absurdes ou magnifiques, tels la queue du paon (*Pavo cristatus*), celle d'un colibri appelé coquette à raquettes (*Discosura longicaudus*), ou encore les appendices démesurément écartés des mouches aux yeux pédonculés (*Cyrtodiopsis dalmanni*) (voir dessin page précédente).

Ces caractères sexuels exagérés ont donné la théorie du « handicap séducteur », proposée par le biologiste Amotz Zahavi en 1975 : les signaux de séduction les plus attractifs sont ceux qui témoignent de la manière la plus fiable de la qualité des mâles qui peuvent se permettre de les émettre, mais ils se sont développés jusqu'à devenir gênants pour la survie.

L'ÉVOLUTION DE LA THÉORIE

Les mécanismes de l'évolution révélés au XIXe siècle par Charles Darwin ont ensuite été précisés et confirmés par la découverte de l'ADN : ce sont des mutations génétiques qui expliquent l'apparition de caractères nouveaux, eux-mêmes étant ensuite transmissibles par la reproduction et l'hérédité. Cependant, s'ils sont toujours valables, ces principes généraux ne suffisent plus à tout expliquer de l'évolution. L'épigénétique, par exemple, montre que l'environnement peut influencer directement l'expression des gènes. C'est le cas pour les jeunes tortues, ou les crocodiles, encore dans l'œuf, qui deviendront soit des femelles, soit des mâles sous l'influence de la température extérieure (voir dessin p. 81). Autre exemple : des comportements comme l'homosexualité ne semblent pas avoir d' « intérêt » évolutif, puisque les animaux homos n'ont pas de descendance et ne transmettent donc pas leurs gènes. Néanmoins, ils ne disparaissent pas, car ils ont été retenus par la sélection naturelle, ou plutôt n'en ont pas été rejetés. Pourquoi ? Parmi les explications proposées, il y a l'hypothèse de l' « exubérance biologique » énoncée par le biologiste Bruce Bagemihl[1]. Alors que Darwin a fondé sa théorie sur la quantité limitée des ressources naturelles, Bagemihl pense au contraire que c'est la profusion d'énergie qui domine dans les mécanismes évolutifs. L'évolution ne serait pas à l'origine de

---

1. Bruce Bagemihl, Biological Exuberance: Animal Homosexuality and Natural Diversity, *Stonewall Inn Editions, 1999.*

la diversité, elle se contenterait d'opérer un tri dans cette débordante abondance. Vue sous cette hypothèse, l'homosexualité ne serait qu'une des nombreuses conséquences de l'exubérance biologique générale. De plus, comme d'autres pratiques sexuelles, l'homosexualité joue également un rôle social pacificateur, qui peut aussi expliquer sa persistance chez tant d'espèces (voir p. 161).

L'ARRIVÉE DE LA MORALE

Chez des animaux sociaux comme les abeilles domestiques ou les fourmis, la reproduction sexuée est contrôlée par la reine : une « castration chimique » opérée par les phéromones de celle-ci maintient les ouvrières stériles. De même, chez les loups ou les singes, la sexualité des dominés est sévèrement cadrée et réprimée, même si des accouplements « non autorisés » restent possibles. Toutefois, ces lois sociales ne sont vraisemblablement pas théorisées par des dogmes intellectuels. Avec *Homo sapiens*, animal cérébral et complexe s'il en est, l'histoire naturelle de la sexualité prend un chemin particulier. Au fil de l'histoire des sociétés humaines, des lois sophistiquées sont établies. Leur fonction positive est de structurer les rapports entre les individus et ainsi d'éviter des dérives de certains pour préserver la sécurité de la communauté. Cependant, la morale aussi a ses dérives, et la sexualité en est la grande perdante. Le sexe et le plaisir dérangent les tenants du pouvoir, qui se font moralisateurs, imposant des croyances, des interdits et des tabous qui préservent leurs privilèges et maintiennent une mainmise sur la population. Cette morale dépasse la simple hiérarchie des loups ou des abeilles : la crainte d'un jugement divin ou d'une sanction sociale envahit le monde mental des individus, tétanise les mœurs et discipline les foules, jusqu'à installer des coercitions contraires aux intérêts et au bien-être de la société[1].

Nul besoin de chercher des cultures exotiques ou des passés lointains pour trouver des exemples d'intolérance et de censure morale.

---

1. Au fil du temps, la religion oscille entre répression de la sexualité (le plus souvent) et sacralisation (parfois) : voir par exemple la « hiérogamie » rituelle – et annuelle – du roi et de la prêtresse dans la Mésopotamie antique (voir Bottéro et Kramer, L'Érotisme sacré à Sumer et à Babylone*).*

Le savoir lui aussi y perd des plumes : la propre fille de Charles Darwin, Henrietta (ou Etty), s'était opposée à la publication des écrits de son père évoquant le sexe géant des cirripèdes (*Cirripedia*, des invertébrés qu'il avait étudiés pendant huit ans), et avait lutté pour faire éradiquer de la campagne anglaise les satyres puants, ou phallus impudiques (*Phallus impudicus*), champignons aux formes trop suggestives et indécentes selon elle.

En France, au XIXe siècle, même la masturbation, pratique *a priori* solitaire sans conséquence sociale, a été réprimée avec violence, ce qui, à notre connaissance, n'existe pas chez les animaux. Le corps médical de l'époque a instauré de véritables pratiques de torture pour l'étouffer : camisoles métalliques, fourreau pénien parsemé d'aiguilles, injection d'un dérivé de la soude dans l'urètre, ablation du clitoris… L'onanisme était considéré comme un fléau, censé féminiser les garçons et viriliser les filles, provoquer la surdité, voire des maladies mortelles. Les conséquences en ont été des traumatismes graves et des cas d'impuissance, ce qui montre à quel point les dérives de la morale peuvent se révéler néfastes.

La sexualité, qui a mis des millions d'années à se peaufiner, se retrouve emprisonnée par des considérations anti-nature, aveugles et destructrices dans diverses civilisations humaines. Sous cet angle de l'évolution, la libération des mœurs peut être considérée comme un retour à un fonctionnement plus naturel, à condition que la sexualité continue de respecter certaines conditions sociales évidentes, comme celles du consentement mutuel, le cadre moral et le respect de l'autre gardant toute leur valeur et leur utilité dans la communauté.

Pour Charles Darwin, la morale et l'empathie sortent d'ailleurs de la simple logique évolutive de la survie, elles s'élèvent au-dessus et concernent toutes les espèces. Dans *La Filiation de l'homme et la sélection liée au sexe*, il écrit : « La sympathie portée au-delà de la sphère de l'homme, c'est-à-dire l'humanité envers les animaux inférieurs, semble être l'une des acquisitions morales les plus récentes. […] Cette vertu, l'une des plus nobles dont l'homme soit doué, semble provenir incidemment de ce que nos sympathies deviennent plus délicates et se diffusent plus largement, jusqu'à être étendues à tous les êtres sensibles[1]. »

---

1. Charles Darwin, op. cit.

LES CARACTÈRES SEXUELS SECONDAIRES

Il existe deux sortes de différences entre les genres masculin et féminin. Les caractères sexuels primaires sont strictement nécessaires à la reproduction : ce sont les organes génitaux. D'autres signes distinctifs, comme les bois des cerfs, la queue des paons, la barbe des hommes ou les seins des femmes, sont des caractères sexuels secondaires. Ils apparaissent généralement avec la maturité sexuelle des individus, qu'on nomme la puberté chez les humains. Cependant, la frontière est floue ; on pourrait même considérer comme caractères secondaires les caractéristiques d'un organe génital, comme les aspérités d'un pénis, parce qu'ils ne sont pas directement nécessaires à la fécondation.

Les grands éclectus mâle (à gauche) et femelle (à droite) sont si différents que les premiers ornithologues les ont pris pour deux espèces distinctes.

IL N'Y A PAS QUE LE SEXE...

Issus de la sélection sexuelle, notamment par les choix effectués au cours des parades nuptiales, les caractères secondaires peuvent aussi être comportementaux : seul le mâle du paon fait la roue, et chez certaines espèces d'oiseaux, un seul genre confectionne le nid. L'aspect et les comportements sont liés : les femelles qui couvent arborent des couleurs ternes de camouflage, alors que les mâles font les kékés dans les arbres avec leur plumage voyant. Mais ces aspects sont liés au rôle et non au sexe, car pour les espèces où c'est le mâle qui couve, comme les jacanas (*Jacanidae*) ou les phalaropes (*Scolopacidae*), ce sont les femelles qui affichent des couleurs vives. Mâles et femelles des perroquets grands éclectus (*Eclectus roratus*) sont si différents qu'on les a longtemps pris pour des espèces distinctes. Nul besoin de discrétion pour la femelle, qui nidifie dans une cavité d'arbre : elle est encore plus vivement colorée que le mâle. Chez les humains, le dimorphisme sexuel* (voir « Nom de nom », ci-contre) le plus important est un caractère secondaire, la voix. La différence de taille entre les hommes et les femmes n'est en moyenne que de 7 %, mais le larynx masculin est 60 % plus long que celui des femmes !

NOM DE NOM

Les différences sexuelles
Le **dimorphisme sexuel** est la différence d'aspect entre les mâles et les femelles d'une même espèce. Il peut porter sur des caractères sexuels primaires comme secondaires.

QUESTION DE POILS

Les animaux sont naturellement protégés des chocs et de la température par des écailles, des plumes ou des poils. Pourquoi *Homo sapiens* se retrouve-t-il quasiment nu ? Cela résulterait d'une sélection sexuelle. Une pilosité peu développée dégage la vue et montre ainsi aux partenaires notre bonne santé : par exemple, que l'on est exempt de parasites. L'autre raison est thermique : avec la sortie de la savane, la réduction des poils et le développement des glandes sudoripares auraient évité la « surchauffe ». De plus, avec la maîtrise du feu et l'invention des vêtements, la fourrure des humains aurait fini par perdre de son utilité. Notons qu'alliés à l'émergence de la morale, les vêtements ont contribué à l'apparition de la pudeur dans certaines cultures.

BÊTES DE SEXE **HISTOIRE NATURELLE DE LA SEXUALITÉ**

> **LA NOTE DU NATURALISTE**
>
> **ILS HABITENT *DANS* LA FEMELLE !**
> La différenciation entre les sexes est poussée à l'extrême chez la bonellie verte (*Bonellia viridis*), un ver marin que l'on rencontre en Méditerranée jusqu'à 100 mètres de profondeur. La femelle est composée d'un sac de 8 à 9 centimètres de long, prolongé par une trompe dessinant un « T ». Rétractée, la trompe mesure de 20 à 30 centimètres, mais elle peut atteindre 2 mètres détendue. Les mâles ne mesurent que 1 à 3 millimètres, ils sont si petits qu'ils vivent fixés sur la trompe ou à l'intérieur de leur partenaire. On a compté jusqu'à 85 mâles dans une seule femelle !

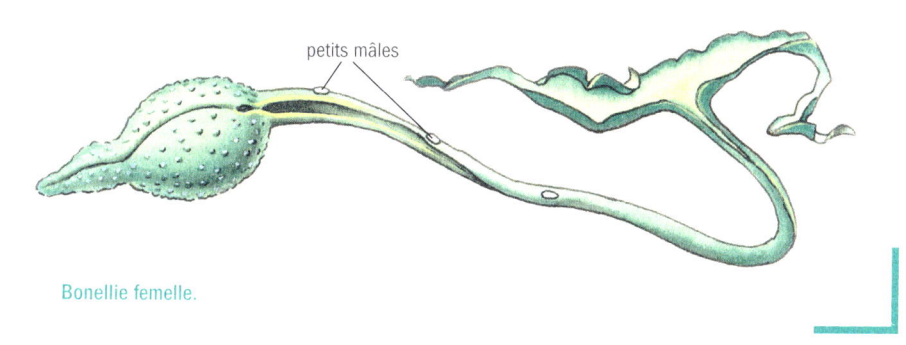

petits mâles

Bonellie femelle.

Cependant, nous ne sommes pas entièrement glabres ! Les poils pubiens auraient survécu pour d'autres raisons de séduction : dans ces zones moites et chaudes, riches en glandes émettrices de sueur, ils transmettent des odeurs à caractère sexuel (voir p. 35). Cette fourrure animale a une fonction animale, comme un rappel symbolique et odorant du sauvage qui réside en nous.

Chez les humains, la pilosité est un caractère sexuel secondaire, car elle est différente chez les hommes et chez les femmes. Poils comme cheveux sont sous l'influence des hormones* (voir « Nom de nom », p. 37), leur localisation ainsi que leur densité diffèrent suivant le sexe. La géométrie pubienne dépend du sexe, puisque les dames sont dans la catégorie triangle, alors que les messieurs jouent dans l'équipe losange. Quant aux cheveux, cela dépend de la génétique. La calvitie est essentiellement observée chez les hommes, c'est un caractère héréditaire en lien avec les hormones masculines. C'est pourquoi la calvitie s'observe rarement chez les femmes.

SECONDAIRES, LES SEINS ?

Par définition, les mammifères ont des mamelles, et nous appartenons à cette honorable classe d'animaux. N'étant pas développées à la naissance, les mamelles n'apparaissent qu'avec la maturité sexuelle et font donc partie des caractères secondaires. Chez les humains, les seins se développent à la puberté, mais la lactation n'est pas leur unique fonction. Jadis, on les appelait les « appâts », notamment dans les pièces de Molière, tant ils appartiennent à l'arsenal de la stimulation érotique. Une hypothèse, développée entre autres par l'éthologiste Desmond Morris, suggère que la posture assise a contribué à faire de la poitrine des femmes un substitut des fesses et un attrait sensuel. En effet, l'entrejambe et l'arrière-train forment l'« épicentre » des stimuli sexuels, mais celui-ci est caché et rendu inaccessible par une position assise fréquemment pratiquée. En revanche, les mamelles humaines restent visibles dans toutes les postures, debout comme assise. Ces globes tendus comme des ballons gonflés sont perpétuellement ronds, donc peu pratiques pour leur fonction première, la tétée du bébé. Malgré cela, les gros seins, stimuli placés devant et attractifs pour les mâles, auraient

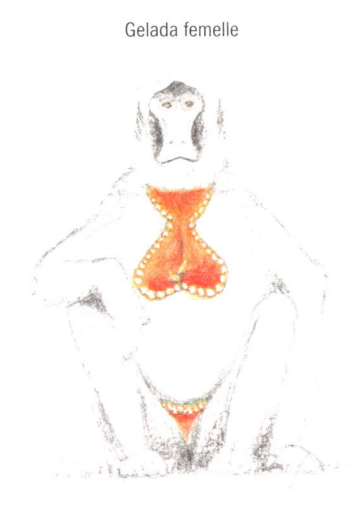

Mandrill mâle

Gelada femelle

Quand le haut reflète le centre...

été retenus par la sélection sexuelle. La raie d'un décolleté généreux rappelle le sillon interfessier (ou « SIF »), que beaucoup d'hommes semblent aimer contempler. De plus, la coloration du mamelon ne semble pas destinée au nourrisson, dont la vue est limitée, mais plutôt à des partenaires potentiels.

Au cours de l'évolution de nos ancêtres, la station debout a modifié nos pratiques sexuelles : nous avons dû adopter une position amoureuse face à face, ce qui a coïncidé avec la disparition des signaux visuels de l'œstrus, ce moment de l'ovulation qui est le plus propice à la fécondation. Beaucoup de ces signaux de fertilité restent très visibles chez certaines guenons, comme un postérieur rouge et boursouflé.

> Les seins sont-ils un rappel visuel des fesses ?

D'autre part, la comparaison avec plusieurs de nos parents primates, souvent assis comme nous, apporte un argument supplémentaire en faveur de l'hypothèse des seins « substituts des fesses » : certains montrent eux aussi d'étonnantes similitudes visuelles. Les femelles de geladas (*Theropithecus gelada*), par exemple, montrent un éloquent rappel visuel de leur vulve sur leur poitrine lorsqu'elles sont en chaleur. Chez le mandrill (*Madrillus sphinx*) comme chez différents singes, les couleurs du visage des mâles sont les mêmes que celles des organes sexuels : une sorte de reflet en haut de ce que l'on trouve plus bas, exemple concret de ce qu'on appelle familièrement « avoir une tête de nœud »... Le comportement est assorti : des mâles qui se défient écartent leurs jambes pour exhiber leurs attributs dans un *manspreading* – ou plutôt un *monkeyspreading* – sans équivoque. L'intensité des couleurs dépend de leur taux de testostérone.

Bien que cela soit difficile à prouver définitivement, ce phénomène de mimétisme des organes chez plusieurs espèces pourrait aussi s'appliquer aux seins, substituts des fesses et attraits sexuels. En tout cas, une chose est sûre : les seins humains ont acquis au cours de l'évolution des fonctions uniques dans le monde animal, ils sont à la fois des stimuli érotiques et des zones érogènes. Et ça, ce n'est pas secondaire !

« *Quand on aime véritablement la nature, on trouve le beau partout..* »

Vincent VAN GOGH

« *Les commencements ont des charmes inexprimables.* »

MOLIÈRE

Pendant la saison de la reproduction, les mâles de mérion superbe offrent des pétales de fleur aux femelles.

MILLE MANIÈRES DE DRAGUER

Pour se repérer au milieu de leurs jungles urbaines saturées, les humains sont de plus en plus nombreux à utiliser les sites de rencontres. Pour s'approcher et se séduire, les animaux utilisent quant à eux la technologie haut de gamme de la nature, c'est-à-dire tous leurs sens. À commencer par l'odorat et l'ouïe, qui permettent de se repérer et de communiquer à distance ; puis la vue, avec les parures physiques et les parades ; éventuellement le goût, avec les cadeaux de noces ; et enfin le toucher, qui n'est généralement possible qu'à la suite de toute une approche ritualisée. C'est seulement après ces rituels d'identification et de pacification, parfois compliqués, que l'accouplement pourra avoir lieu.

SÉDUIRE EN SE PARFUMANT

L'odorat est le plus ancien de nos sens, mais aussi l'un des plus essentiels à la communication entre individus. Il reste indispensable aux comportements de survie de très nombreux animaux : la recherche de nourriture, notamment le pistage d'une proie, les relations sociales, le marquage du territoire…

L'olfaction conditionne aussi grandement le comportement sexuel, que ce soit par les odeurs* proprement dites ou par les phéromones* (voir « Nom de nom », p. 37). Ces effluves aphrodisiaques, c'est-à-dire qui incitent les partenaires à l'accouplement, sont émis par les femelles et/ou par les mâles, selon les espèces. C'est celui ou celle qui réceptionne le message qui se déplace. Les différents signaux amoureux sont plus souvent diffusés par les femelles que par les mâles, car elles sont pleines d'ovules mûrs et se meuvent moins facilement. C'est alors aux mâles de se laisser guider jusqu'à elles dans cette quête sexuelle. « Ne te lave pas, j'accours et dans huit jours je suis là », écrivait Napoléon à Joséphine[1].

LA NOTE DU NATURALISTE

PARADES EN BORD DE CHEMIN

Les phéromones* sexuelles sont des organisatrices de rendez-vous galants pour les animaux : les endroits où elles sont émises sont leurs sites de rencontre. Ces lieux sont aussi des rendez-vous pour les curieux de nature : au printemps, en bord de chemin, il est possible d'observer des parades nuptiales d'insectes comme les piérides (*Pieridae*), ces papillons reconnaissables à leurs ailes généralement blanches.

La femelle lève le derrière bien haut pour diffuser ses parfums d'amour, ce qui attire un ou plusieurs mâles et conduira à l'accouplement… et à la joie des promeneurs qui auront la chance de voir la scène.

Parade d'aurores : la femelle dresse son postérieur et émet d'irrésistibles parfums aphrodisiaques.

---

1. *Napoléon I*ᵉʳ, Lettres d'amour à Joséphine, *Fayard, 1981.*

L'ART DE PAPILLONNER

Les papillons se draguent beaucoup avec des substances chimiques volatiles, surtout les espèces nocturnes ou mimétiques de l'environnement, pour lesquelles la vision n'est pas importante. Les mâles de certains papillons de nuit portent des antennes très développées et extrêmement sensibles, capables de percevoir une seule molécule aphrodisiaque de très loin. Ils repèrent ainsi les femelles à distance malgré l'obscurité.
C'est d'ailleurs la phéromone d'un papillon, le bombyx du mûrier (*Bombyx mori*), qui a eu l'honneur d'être la première à être observée scientifiquement. La substance émise par la femelle a été isolée par Adolf Butenandt, prix Nobel de physiologie en 1939 pour sa découverte des hormones* sexuelles humaines (voir « Nom de nom », ci-dessous). En 1959, après vingt ans de travaux et… le sacrifice de 500 000 bombyx femelles, Butenandt identifiait donc la première phéromone sexuelle, appelée le « bombykol ». Cette substance attire les mâles à distance en concentration très réduite. Ils les perçoivent grâce à leurs antennes, qui comportent chacune quelque 17 000 neurones. Depuis cette découverte, on a mis au jour plus de 500 phéromones sexuelles différentes chez les papillons.

Chez certains papillons de nuit, les antennes des mâles sont des détecteurs de phéromones extraordinairement efficaces.

═══ NOM DE NOM ═══

Messages invisibles
Les **phéromones**, ces mystérieuses « fragrances sans odeur », sont des molécules volatiles émises par des individus à destination d'autres individus de la même espèce.
Elles sont comparables aux **hormones**, ces substances également produites par des glandes, mais ,contrairement à elles, les phéromones sont émises hors de l'organisme. Elles transmettent des informations et sont capables de provoquer des changements de comportement, notamment dans la sexualité, de manière instinctive et non réfléchie. Les phéromones se distinguent des **odeurs** proprement dites, qui sont perçues et jugées consciemment.

MÊME LES OISEAUX ONT DU FLAIR !

Betsy Bang a eu du pif. En 1950, cette illustratrice scientifique et médicale a voulu examiner de près les cavités nasales de plusieurs oiseaux : l'urubu à tête rouge (*Cathartes aura*), l'albatros à pieds noirs (*Phoebastria nigripes*) et le guacharo des cavernes (*Steatornis caripensis*). Des espèces qui ont besoin de sentir leur nourriture : le vautour urubu survole des forêts qui cachent ses proies, l'albatros parcourt de vastes océans et le guacharo vit dans l'obscurité des grottes. Les études de Betsy Bang ont permis de prouver que ces volatiles avaient du flair, ce qui n'était pas encore entièrement acquis à l'époque.

En fait, tous les oiseaux sont susceptibles d'utiliser l'odorat[1], même ceux dont l'appareil olfactif est peu développé. Cette faculté leur sert notamment à repérer ou identifier des partenaires. L'étourneau unicolore (*Sturnus unicolor*)[2] et différents canards, par exemple, déterminent le sexe de leur partenaire à l'odeur de leur glande uropygienne, cette réserve de graisse située au niveau du croupion. Lors de la toilette, cette glande sébacée diffuse des messages volatils, qui sont autant d'informations chimiques sur le sexe, l'âge et le statut reproducteur de son propriétaire. D'ailleurs, les sécrétions uropygiennes varient selon les sexes – chez les colverts (*Anas platyrhynchos*), mâle et femelle n'ont pas la même odeur – ou selon les saisons – certains canards et pétrels sont plus odorants lors de la période de reproduction. Nous savons désormais que les fragrances des canards, des huppes, des macareux et de plusieurs pétrels jouent un rôle dans l'attraction du partenaire[3].

Même si les oiseaux ne semblent pas se renifler comme le font les mammifères, certains de leurs comportements rapprochés, comme les toilettages nuptiaux, sont peut-être à réinterpréter sous cet angle. D'autres volatiles draguent en offrant des fleurs ou des herbes : l'étourneau mâle (*Sturnus vulgaris*) sélectionne des plantes odoriférantes afin d'attirer une ou plusieurs femelles dans son nid ; et le mérion superbe (*Malurus cyaneus*) présente des pétales de fleur à la femelle de son cœur.

---

1. Benoit Grison, Du flair de Waterton à l'odorat des oiseaux, *Pour la Science*, n° 512, juin 2020
2. Luisa Amo et al., « Sex recognition by odour and variation in the uropygial gland secretion in starlings », Journal of Animal Ecology, Vol. 81, n° 3, 2012, p. 605-613.
3. Francesco Bonadonna et Marcel Lambrechts, « L'odorat des oiseaux », dossier « La communication animale », Pour la Science, n° 24, janvier-avril 2002.

CHAUVES-SOURIS PUANTES ET FÉLINS DÉLICATS

Si, chez les humains, sentir fort sous les bras n'est pas forcément une bonne idée quand on veut séduire, il en va autrement pour une grande chauve-souris, le noctilion pêcheur (ou noctilion bec-de-lièvre, *Noctilio leporinus*). Pendant la période de reproduction, l'odeur des mâles est si tenace qu'on peut les repérer quand ils volent au loin ! À vue de nez, ils sont amoureux, et ça plaît aux femelles, ravies d'être pécho par les pêcheurs… Précisons que, comme pour nous, ce n'est pas à proprement parler la sueur de la bête qui sent, mais des bactéries locales. Or, celles qui embaument le noctilion n'existent apparemment que sur lui, créant un parfum aphrodisiaque sur mesure.

Dans la forêt humide d'Amérique du Sud, des biologistes ont expérimenté un comportement étrange : les jaguars (*Panthera onca*) sont très sensibles au parfum *Obsession*, de Calvin Klein, disposé sur des pièges photographiques. Les fauves, attirés par l'odeur, restent plus longuement devant les appareils, sur lesquels ils se frottent et se font ainsi plus facilement étudier. Le fait avait été découvert par hasard au zoo de Dallas, puis expérimenté au zoo du Bronx avec différents félins, et fonctionne avec plusieurs parfums, même si *Obsession* semble le plus efficace. Pourquoi ? Certainement à cause de la présence d'une version synthétique d'un musc animal, la civettone. À l'origine, la civettone est le produit des glandes anales des viverridés (civette, genette, mangouste…), utilisé pour marquer le territoire et se faire connaître des partenaires.

LE PIF DU CHIEN

Les canidés sont des as de la perception odorante, avec pas moins de 300 millions de récepteurs olfactifs pour un limier. Notre zone de traitement des odeurs* est environ 40 fois moins étendue que chez le chien (*Canis lupus familiaris*) ! Si votre compagnon à quatre pattes est obsédé par les déjections de ses congénères, c'est pour analyser qui est passé ici : un rival potentiel dans la séduction d'une divine caniche royale ? A-t-elle elle-même déposé un message ? Quelle est son humeur, serait-elle en chaleur ? Il hume ainsi à la fois les crottes et le sébum des glandes anales, des petits sacs dont les orifices se situent de chaque côté de l'anus, qui contiennent un délicieux petit fumet hormonal.

L'urine aussi transmet des renseignements sur la réceptivité sexuelle de la chienne. Un mâle renifle beaucoup plus attentivement les mictions d'une femelle en chaleur que lorsqu'elle se trouve en anœstrus, la période non féconde.

Pareillement, une chatte (*Felis silvestris catus*) peut établir si un mâle est ou non un bon choix de partenaire. C'est en sentant son urine qu'elle identifie la quantité et la qualité de l'alimentation du matou, et donc s'il a mangé récemment et en quelle quantité de la viande fraîche. Elle en déduit ainsi si ce mâle est un bon chasseur, afin d'assurer à sa descendance des avantages génétiques. Mais pas sûr que ça marche aussi bien avec des croquettes industrielles…

LES GRIMACES DU BOUTE-EN-TRAIN

Le « flehmen » est une expression faciale que l'on retrouve chez le chat, le cerf, le cheval (*Equus ferus caballus*) et bien d'autres mammifères. Cette « grimace », si elle nous semble amusante, joue un rôle très important pour attirer les substances chimiques de l'environnement vers le précieux organe de Jacobson, ou voméronasal (voir p. 45), cette zone du palais sensible aux phéromones. En retroussant sa lèvre supérieure, le cheval entrouvre la bouche et fait ainsi mieux circuler les molécules sexuelles en les concentrant vers cette zone. Le statut d'une jument ou le stade de son cycle n'échapperont pas au fougueux étalon en recherche active de partenaire potentielle. Lorsqu'elle entre en chaleur, la jument se met quant à elle à uriner de plus en plus fréquemment afin de disperser cette odeur caractéristique. Sa vulve s'humidifie, s'allonge et est agitée de spasmes bien visibles : elle cligne de la vulve[1] ! Elle change de comportement et devient difficile à gérer ; on parle alors de « pisseuse » dans les milieux équestres (avec d'indéniables relents de misogynie).

Certains chevaux choisis pour leur calme, les boute-en-train, jouent un rôle ingrat : on les place près d'une jument devant être fécondée par un étalon aux gènes recherchés par les humains, mais pas forcément excitant pour elle. Le boute-en-train montre si elle est en chaleur en faisant

---

1. Michel-Antoine Leblanc, Marie-France Bouissou et Frédéric Chéhu, *Cheval qui es-tu ? L'éthologie du cheval, du comportement naturel à la vie domestique*, Belin, 2004.

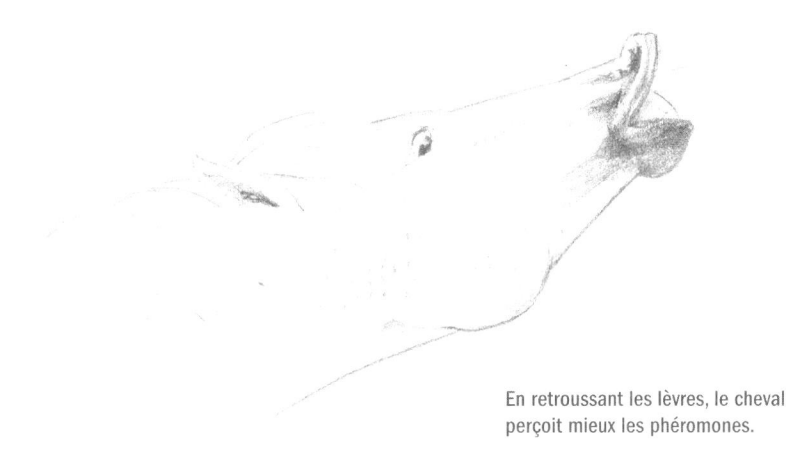

En retroussant les lèvres, le cheval perçoit mieux les phéromones.

un flehmen, subit ses éventuels coups de pied si elle n'est pas disposée, ou la « chauffe » (la « boute ») par sa présence. Mais au moment où elle urine et se montre prête à l'accouplement, on le retire car sa mission est terminée. L'étalon, d'une trop grande valeur pour risquer un coup de sabot, peut alors intervenir afin d'accomplir sa tâche reproductive. Être un boute-en-train, ça n'est donc pas si drôle ! Étalon non plus, d'ailleurs, car on utilise de plus en plus des leurres de femelles pour recueillir leur précieux sperme et recourir à l'insémination artificielle.

DOUCHES DORÉES

L'urine véhicule donc des messages amoureux à même de mettre les bêtes dans tous leurs états. Les crustacés communiquent beaucoup par signaux chimiques, notamment via le liquide que femelles et mâles expulsent par des orifices qu'ils ont autour des appendices oculaires ou sur les antennes : ils draguent en faisant pipi par les yeux ! Les glandes urinaires des antennes des femelles émettent une production spéciale qui excite les mâles et les incite à parader, à danser, puis à agripper leur partenaire pour lui inoculer leur spermatophore* (voir « Nom de nom, p. 22). Les phéromones* sexuelles sont diffusées par les femelles lors de la mue : l'accouplement n'est possible qu'après un strip-tease de leur part, car elles doivent être délivrées de leur carapace pour être accessibles.

LA NOTE DE LA SEXOLOGUE

L'URINE A-T-ELLE AUSSI UN RÔLE DANS LA SEXUALITÉ HUMAINE ?

Même si son utilisation n'est pas la même que pour d'autres mammifères, l'urine n'est pas exclue de la sexualité humaine : faire pipi sur le copain ou la copine, ça existe ! Cette pratique est appelée ondinisme, urophilie ou encore *golden shower* (douche dorée). Il s'agit, selon les dires des pratiquants, d'un cadeau des plus intimes, du liquide le plus personnel qui soit en dehors des sécrétions génitales. Ce comportement rentre dans le cadre de la paraphilie* (voir « Nom de nom » p. 44) et est donc considéré comme une déviation de la sexualité. Il est d'ailleurs souvent pratiqué dans des contextes assez exclusifs, avec des aménagements tels que : l'accès à une salle de bains, des protections plastifiées ou même des tenues complètes en latex.
Il ne se limite pas non plus à une relation de soumission. L'odeur, le goût, la couleur, tout y est apprécié par les urophiles. Une fois encore, nous n'avons rien inventé : les animaux nous ont devancés depuis longtemps !

Dans la catégorie des mammifères, ce sont en général les femelles qui envoient des messages, et ceux-ci indiquent leur état de réceptivité. La femelle d'un félin, le serval (*Leptailurus serval*) pratique un marquage urinaire jusqu'à 30 fois par heure pendant l'œstrus, contre 1 ou 2 fois en temps normal. Elle va même jusqu'à envoyer ses doux messages directement à la face du mâle.
Chez les dauphins, qui ont perdu le sens de l'odorat au fil de leur évolution, c'est le goût qui permettra de reconnaître un statut hormonal. Les mâles vont tester directement l'urine des dauphines en embrassant leur vulve. Les girafes (*Giraffa camelopardalis*) mâles récoltent eux aussi l'urine émise par les copines afin de vérifier leur réceptivité.
Parfois, ce sont les mâles qui émettent ces informations dorées. Le lapin de garenne (*Oryctolagus cuniculus*) envoie un jet d'urine sur la femelle à 1 mètre de distance, avec beaucoup de précision. L'odeur est aphrodisiaque, et la femelle se laisse complaisamment renifler... et plus si affinités. Un canidé sauvage, le lycaon (*Lycaon pictus*), marque lui aussi directement la femelle, debout sur ses pattes avant, arrière-train

> **LA NOTE DU NATURALISTE**
>
> **OMELETTE COCHONNE**
> Dans la nature, les parentés de communication peuvent aussi avoir lieu entre mondes animal et végétal : si la truie (*Sus scrofa domesticus*) est sensible au parfum de la truffe (*Tuber melanosporum*), c'est entre autres parce que ce champignon fabrique un dérivé de la testostérone semblable aux phéromones du verrat en rut[1]. Autrement dit, quand nous dégustons une omelette aux truffes, nous nous délectons d'ovules d'oiseau agrémentés de substances sexuelles de cochon.

dressé à la verticale dans une position très acrobatique. L'éléphant de savane d'Afrique (*Loxodonta africana*), quant à lui, en fait toujours des tonnes : lorsqu'un mâle est en rut, il produit quelque 400 litres d'urine parfumée par jour !

FRATERNITÉ

Les messages chimiques produits par les humains et les autres animaux sont de la même famille. C'est normal, nous sommes parents ! Les femelles allaitantes de nombreux mammifères émettent quasiment les mêmes substances. Par exemple, celles sécrétées par la chienne sont très proches de celles émises par une femme qui allaite. On a trouvé la même hormone* (voir « Nom de nom », p. 37) chez des macaques rhésus (*Macaca mulatta*) et chez des femmes en ovulation.

Très liés socialement aux humains, les chiens sont particulièrement sensibles à leurs messages chimiques. Par exemple, dans une famille, le toutou de la maison est généralement le premier à sentir qu'un enfant est passé à l'adolescence, et à changer de comportement (entre autres, en se montrant moins joueur). Autre exemple : l'agressivité de certains chiens monte tous les 28 jours, pendant les périodes d'ovulation de leur compagne humaine : ils ne tolèrent plus que des hommes s'approchent d'elle[2].

---

1. Benoit Grison, Les portes de la perception animale, *Delachaux et Niestlé*, 2021
2. Patrick Pageat, L'Homme et le Chien, *Odile Jacob*, 2006, p. 162.

Les paraphilies

Les **paraphilies** sont des actes, comportements ou fantasmes considérés comme des déviations de la sexualité standard. Cela peut aller de la pratique la plus commune, qui dans la plupart des cas ne pose pas de problème au quotidien, à l'acte non consenti et criminel. Dans le DSM-5 - la bible des psys de tout poil —, la paraphilie n'est pas décrite comme une maladie mentale. Néanmoins, s'il s'agit de comportements problématiques à des degrés divers, soit pour l'individu concerné, soit pour la société, on parle alors de **trouble paraphilique**.

Voici quelques exemples de paraphilies : fétichisme du pied (podophilie), attirance pour les flatulences de son ou sa partenaire (éproctophilie), pour les cheveux et les poils (trichophilie), pour des poupées ou mannequins (agalmatophilie), pour les machines (mécaphilie), exhibitionnisme/voyeurisme, sadisme/masochisme… et cette liste est loin d'être exhaustive. Hélas, des choses beaucoup plus graves existent, comme l'attrait pour les personnes endormies (somnophilie) ou les cadavres (nécrophilie). L'attirance pour les enfants (pédophilie, voir p. 152) devient, quant à elle, un acte criminel dès qu'elle se concrétise.

On ne parle pas de paraphilie pour les animaux, terme qu'on n'applique qu'aux humains, car il nécessite des fonctions psychiques ou intellectuelles considérées comme « supérieures ». Qui plus est, les déviations des autres espèces sont très peu étudiées.

QUAND LE PARFUM MONTE AU CERVEAU

Pour comprendre ce qui se passe en nous lorsque nous apprécions un parfum, explorons nos connexions internes. Les molécules des odeurs* (voir « Nom de nom », p. 37) entrent directement en contact avec les neurones de l'olfaction, situés dans nos fosses nasales. C'est exceptionnellement rapide et immédiat, car ce sont les seules cellules cérébrales à fonctionner en circuit aussi court. D'où leur importance cruciale dans certains grands plaisirs de la vie, comme la nourriture et, bien sûr, la sexualité.

Ces neurones, trésors d'ingénierie chimique, parlent à notre bulbe olfactif, situé à quelques millimètres à peine au-dessus des fosses nasales. Notre bulbe olfactif décodera ces signaux pour notre cerveau, dans une zone en contact direct appelée cortex olfactif. La zone de compréhension et de ressenti de l'odeur assènera alors un jugement : « ça m'excite, ça me plaît » ou « ça me dégoûte ».

Le cortex olfactif est lui-même situé dans une région appelée cortex préfrontal, fortement impliquée dans les émotions, le désir ou les comportements. C'est ainsi que les odeurs entrent dans le jeu au moment du passage à l'acte amoureux.

Qui plus est, les odeurs activent des souvenirs, car elles passent par le cortex préfrontal, zone du cerveau dévolue aux réminiscences. Le lien entre sexualité, désir et souvenir est assez simple à établir : l'odeur de votre partenaire vous rappelle de bons moments, une personne chère ou un échange torride, alors l'alchimie opère. Un parfum peut faire remonter en nous de grandes émotions érotiques, et les publicités sur ce thème savent parfaitement en jouer.

LE PARFUM DU DÉSIR

Si les odeurs sont traitées par le bulbe olfactif, les phéromones, grandes influenceuses de la sexualité, sont réceptionnées par un organe que possèdent tous les mammifères : l'organe voméronasal. Il doit son nom à un os du nez, le vomer, composant la base de la cloison nasale. Chez les autres espèces, cet organe sert à détecter les phéromones ambiantes. Ces phéromones sont sécrétées par des glandes exocrines, qui les émettent donc à l'extérieur du corps, comme la salive, la sueur, le sébum, les larmes, le sperme ou encore la cyprine (voir p. 85). Notre désir serait donc en partie conditionné par la partie la plus primitive de notre nature animale – « primitif » voulant dire « proche de l'ancêtre ».

MENÉS PAR LE BOUT DU NEZ

Nous autres, humains, avons également un nez spécialisé dans le désir. Nos sécrétions corporelles et nos effluves odoriférantes sont nos philtres d'amour. Tel un sorcier ancestral, notre nez nous guide sans cesse, depuis la naissance, avec le parfum du sein de notre mère (le nourrisson est dirigé vers l'aréole mammaire car elle a la même odeur que le liquide amniotique), jusqu'au choix de nos partenaires amoureux après la puberté. Le nez est très fortement impliqué dans les comportements humains !

En réalité, la perception des phéromones humaines pose question aux scientifiques : notre organe voméronasal semble ne plus être fonctionnel après notre naissance (son fonctionnement réel pose question, en raison de son aspect minuscule). L'existence de ce dernier chez l'humain fait donc débat, même si de nombreux chercheurs et anatomistes s'accordent à dire qu'il demeure au moins à l'état résiduel.

Il reste que, phéromones ou non, l'attirance sexuelle par l'odorat est primordiale chez l'humain. Pour preuve, la perte de la fonction olfactive, l'anosmie, génère une baisse massive de la libido chez la moitié des sujets humains atteints !

NOS PHÉROMONES PERSO

Il reste que, si nous ne percevons que peu ou pas les phéromones*, nous en émettons assurément : elles sont détectées par nos chiens, comme nous l'avons vu plus haut. Nous possédons des sécrétions bien particulières sur les zones pilleuses des aisselles, du pubis, de l'anus et autour des mamelons. C'est peu dire que, pour y avoir accès, l'intimité des corps est de rigueur. Les cellules de ces zones, moins nombreuses et plus volumineuses, produisent non seulement les composés de la sueur habituelle – eau et sels minéraux –, mais aussi ces phéromones. Ces sécrétions, mélangées et métabolisées par notre microbiote, forment notre « N° 5 » personnel.

NOM DE NOM

Vous avez dit « copuline » ?
Parmi nos phéromones sexuelles on trouve les mêmes que chez les autres mammifères. Par exemple, la **copuline**, émise par le vagin des femmes pendant l'ovulation, ou **l'androsténol** contenu dans la transpiration des hommes.

Suivant notre orientation sexuelle, nous serions plus ou moins attirés par ces effluves, sans que nous en ayons conscience. Ils déclencheraient l'excitation sexuelle des femmes et l'augmentation du taux de testostérone des hommes.

SYNCHRONISATIONS FÉMININES

L'effet McClintock, aussi appelé effet dortoir, est connu depuis pas mal de temps : il doit son nom à la psychologue Martha McClintock, qui a découvert le phénomène dans les années 1970. Elle a mis en évidence que des femmes vivant en communauté, comme des sportives de haut niveau, des pensionnaires, des nonnes, finissent par synchroniser leurs cycles menstruels. Elles auraient alors toutes leurs règles en même temps, et leur ovulation se déclencherait également au même moment. Cela aurait pour origine un réglage automatique du cycle hormonal, comme cela s'observe chez de nombreux animaux, par exemple dans une harde de lionnes. L'hypothèse est que cela sert à la survie de l'espèce : les femelles étant toutes gravides en même temps, même si un prédateur fait un carnage dans le clan, le nombre fait qu'il survivra toujours des petits ou des femelles enceintes.

Quand elles vivent ensemble, les femmes ont-elles leurs règles en même temps ?

De plus, des femmes étudiant des singes, donc partageant leur quotidien avec des guenons, ont vu leurs cycles s'ajuster avec celles-ci. C'est par exemple le cas de Janice Carter, qui s'occupait de réhabiliter des chimpanzés dans la nature. Après une absence de règles de six mois due au bouleversement de sa nouvelle vie en Afrique, elle vit leur retour sur un cycle de 35 jours au contact des primates, et cela pendant ses sept ans de séjour[1] ! Mais est-ce dû à une synchronisation ? En effet, d'autres études statistiques se basant sur des populations bien plus grandes, et donc évitant de faire d'un petit groupe la norme générale, montrent que cela ne serait peut-être que le fruit du hasard. Sans que cela remette en cause la sincérité de celles qui ont expérimenté cette synchronisation, rappelons que l'esprit humain a une tendance naturelle à voir des synchronicités un peu partout. Mais alors, *quid* de cet effet dortoir ? La vérité est peut-être à chercher entre les deux, certainement expliquée par des phénomènes à la fois hormonaux, chimiques, mais également psychiques et sociaux, ou encore d'autres, à découvrir. Bref, ce qui se passe dans les dortoirs reste bien mystérieux…

---

1. Cité par Vinciane Despret dans **Quand le loup habitera avec l'agneau.** 2ᵉ édition. Seuil/Les empêcheurs de tourner en rond, 2020.

SÉDUIRE EN CHANTANT

Dans la nature, il est important de ne pas être repéré des prédateurs si l'on veut rester en vie, mais il est tout aussi important de se faire connaître des partenaires. Généralement diffusé depuis un perchoir, donc sans risque, le son est donc un vecteur idéal pour les messages amoureux, car il transmet beaucoup d'informations à distance et rapidement.

LA MÉLODIE DU DRAGUEUR

L'appel nuptial est souvent émis par les mâles. La nature de leur chant est liée aux deux mécanismes de la sélection sexuelle : la sélection intersexuelle (les femelles préfèrent certains chants) et la sélection intrasexuelle (les plus puissants chassent les autres). Ces mâles doivent à la fois se faire entendre des femelles, les convaincre, refouler les rivaux et éviter les prédateurs. Au printemps, les jolies musiques des petits oiseaux cachent bien du stress…

Notons que de nombreuses oiselles chantent, notamment des espèces tropicales. Chez certaines perruches, les deux amants entament des chœurs parfaitement synchronisés dans un ensemble digne d'une comédie musicale. Sous nos climats, les femelles de rouges-gorges se font entendre autant que les mâles.

Les analyses évolutives montrent que, chez l'ancêtre commun des oiseaux chanteurs, il y a 40 millions d'années, les deux sexes devaient donner de la voix. C'est la sélection sexuelle et la succession des saisons qui auraient séparé les rôles au cours du temps. La mélodie des femelles a été perdue principalement sous les climats tempérés, car le printemps est court, et la nourriture disponible limitée dans le temps. Devenue nécessaire, la répartition des tâches a vraisemblablement conduit à une plus forte différenciation sexuelle.

LA NOTE DU NATURALISTE

CHANTER AVEC LA VESSIE, ENTENDRE PAR LES PATTES

Pour pouvoir communiquer par des sons, il faut entendre, donc posséder des organes de perception. Si nous sommes dotés d'oreilles fixes, certains mammifères, comme les chevaux, les chevreuils ou les chats, ont des oreilles orientables ce qui les aide à déterminer plus précisément l'origine du son dans l'espace. Comme les autres mammifères, nous avons les oreilles de chaque côté de la tête, alors que chez les sauterelles, par exemple, l'organe de perception du son est situé sur les pattes avant ! Plus inattendu encore : les poissons, les reptiles ou les oiseaux n'ont pas de structure de type oreille externe, mais ils entendent très bien. De plus, certains poissons draguent en « chantant ». Les morues (*Gadus* sp.) mâles, par exemple, font vibrer un muscle de leur vessie natatoire, une poche de gaz servant de ballast. Le résultat n'est pas très mélodieux à nos oreilles, mais il plaît aux femelles, c'est l'essentiel. En saison de reproduction, la multitude des grognements du banc de poissons, au rythme d'un son toutes les 80 secondes pour chaque mâle, produit tellement de décibels que cela trouble les ondes transmises par les sonars des bateaux : le chant d'amour des morues brouille l'écoute des marins.

MESSAGES SUBLIMINAUX

Les animaux utilisent la puissance pour se faire entendre, mais jouent aussi sur le changement de fréquence ou la durée. Un oiseau qui chante longtemps montre qu'il n'a pas dépensé tout son temps à chercher de la nourriture, et donc que son territoire est riche. Les femelles perçoivent dans l'appel sonore une quantité d'informations qui nous échappent. Elles préfèrent aussi les chants sophistiqués, c'est-à-dire les plus difficiles à produire. Or, l'hypothèse du stress développemental avance que la complexité du chant du mâle adulte a pu être affectée par une carence en nourriture durant sa croissance. Tributaire de l'alimentation, le développement des structures du cerveau impliquées dans les émissions sonores détermine ses capacités à convaincre par son chant et à séduire. Un bon chanteur est donc un mâle bien nourri, et les femelles le savent !

Même la charge parasitaire se lit, ou plutôt s'entend dans la voix. Le nombre de notes émises par un petit oiseau des marais, le phragmite des joncs (*Acrocephalus schoenobaenus*), diminue par exemple d'environ 20 % quand celui-ci est parasité. Les femelles repèrent ainsi ses poux de loin et n'en feront pas un époux. Tout aussi sélective, la mésange charbonnière (*Parus major*) de nos jardins épie les conversations des voisins. Et si un mâle chante d'une manière plus intéressante que son partenaire, elle s'accouplera avec lui.

Les messages sonores passent dans les deux sens : des tests réalisés sur des diamants mandarins (*Taeniopygia guttata*) ont montré que les mâles sont capables de distinguer aux cris d'une femelle si elle est en couple ou célibataire ! À notre connaissance, rien de tel n'existe chez les humains...

MUSIQUES SEXUELLES

Le chant nuptial est intimement lié à la séduction, à la sexualité et à la reproduction. Ainsi, la femelle du crapaud accoucheur de Majorque (*Alytes muletensis*) doit nécessairement entendre le coassement du mâle pour développer ses œufs. Si elle ne vibre pas au chant du prince charmant, ils sont réabsorbés dans son organisme ! Mais s'il se montre, le mâle de ce petit amphibien, encore appelé crapaud sage-femme, s'accouplera avec elle, puis portera leurs œufs fécondés sur son dos. Et ils auront beaucoup d'enfants...

Les chercheurs de l'université de Rennes ont montré que les juments préféraient les étalons à la voix grave[1]. Ces étalons sont également les meilleurs reproducteurs, le nombre de naissances qu'ils engendrent par rapport au nombre de saillies étant supérieur à celui des étalons au hennissement aigu. Le cerf (*Cervus elaphus*), quant à lui, fait vibrer nos forêts de son brame à chaque automne. Son appel amoureux fait aussi vibrer les biches, car il stimule leur ovulation ! Ces dames ne sont réceptives que quelques heures dans l'année, et la voix du crooner sert aussi à synchroniser leurs cycles biologiques afin qu'ils parviennent en même temps à l'envie de s'accoupler. Nous ne nous hasarderons pas à comparer le cerf aux chanteurs et chanteuses humain·e·s, qui provoquent parfois des émois amoureux spectaculaires sur leur public.

---

1. Morgane Kergoat, « Les juments préfèrent les étalons à la voix grave », Scienceetavenir.fr, 2015.

BÊTES DE SEXE **MILLE MANIÈRES DE DRAGUER**

LA NOTE DU NATURALISTE

IL DRAGUE EN TAMBOURINANT

Comme ils ne chantent pas vraiment, les pics (*Picidae*) tambourinent pour faire entendre leurs désirs amoureux. Pour cela, ils ont besoin d'arbres creux, qui leur servent de caisses de résonnance. Mais nos arbres vieillissants étant souvent abattus, les mâles manquent d'instruments de musique. Certains se rabattent alors sur des pylônes en fer ou des volets de bois. Qu'importe le support, pourvu qu'on emballe !

Pic vert (*Picus viridis*) tambourinant ses appels amoureux sur un volet.

Nous pouvons néanmoins affirmer ceci sans risquer de nous tromper : donner la sérénade est un acte très sexuel, pour ne pas dire torride. D'ailleurs le mot latin *carmen*, qui signifie « chant magique », a donné le verbe « charmer ».

LA THÉORIE DES BEAUX PARLEURS

Les sons en disent beaucoup sur ceux qui les émettent (souvent des mâles, mais pas toujours), donnant de précieuses informations à celles et ceux qui les écoutent. Chez les humains, la voix a un impact sur la représentation que l'on a du partenaire potentiel. Plus celle d'un homme est grave, plus ses cordes vocales sont longues. Cela provient des sécrétions hormonales masculines à l'adolescence, période où nos jeunes garçons muent et sont à mi-chemin entre la voix infantile et celle de baryton, tant convoitée. Théoriquement, plus l'homme a sécrété de testostérone sur une longue période, plus il émettra un son grave. C'est ainsi qu'une voix chaleureuse et suave pourra faire conclure à notre cerveau primaire que la personne en question possède des attributs masculins eux aussi très marqués.

Mais cela ne se limite pas au timbre de la voix : la manière dont la personne parle (la prosodie), le ton ou l'intensité sont des indicateurs précieux de son caractère, de son état d'esprit, de ses aspirations. Au-delà du mot et de son sens premier, il est donc tout un environnement qui va le moduler.

Même s'il faut rester prudent avec cette hypothèse, car il en existe bien d'autres, certains chercheurs pensent que si le langage humain s'est développé au fil de la sélection naturelle, il s'est aussi peaufiné au cours de la sélection sexuelle, de la même manière que le chant pour d'autres animaux. Le langage complexe, gage d'échanges sociaux et de survie pour le groupe, aurait donc également été sélectionné par des partenaires amoureux exigeants. Une sorte de théorie des beaux parleurs…

SÉDUIRE EN COULEURS

Après avoir communiqué de loin par les parfums et les sons, les partenaires potentiels se sont rapprochés jusqu'à devenir visibles l'un pour l'autre. C'est le moment d'exhiber ses couleurs et de danser pour convaincre l'autre de tenter plus, si affinités. Mais n'oublions pas que chaque espèce a une vision différente. Beaucoup d'animaux perçoivent les ultraviolets, reconnaissent le sexe de l'autre ou son état de santé grâce à cette faculté : à chacun ses stimuli visuels.

LE ROUGE, COULEUR SEXUELLE

Couleur traditionnelle des maisons closes, le rouge est important dans la séduction et dans la sexualité. Après des expériences avec des leurres colorés, l'éthologiste Nikolaas Tinbergen a écrit que la simple couleur rouge suffisait à provoquer l'agressivité des mâles chez un petit poisson, l'épinoche (*Gasterosteus aculeatus*), et cela a beaucoup été repris. Cependant, d'autres chercheurs (Chauvin et Muckensturm,

Le bec du macareux se colore en saison de reproduction.

1980) ont relativisé ces déductions en montrant que les tests étaient incomplets. Tinbergen n'avait pas tenu compte du fait que les couleurs nuptiales apparaissent plutôt après les combats, car c'est au moment du frai qu'elles sont à leur maximum. Le rouge n'est donc pas le seul stimulus : la silhouette et le comportement participent aussi aux motivations amoureuses des épinoches. Pour ces poissons, le rouge correspond d'abord au statut hiérarchique, et le lien avec l'activité sexuelle est indirect. Mais chez beaucoup d'espèces, cette couleur est nécessaire aux parades.

Outre les frégates (*Fregata* sp.), oiseaux marins connus pour la spectaculaire poche gonflable de la gorge chez les mâles, des animaux très divers se servent du rouge pour séduire. On retrouve le rouge dans les caroncules des dindons sauvages (*Meleagris gallopavo*). Ces amas de chair qui ornent leurs têtes peuvent changer de couleur et devenir très rapidement écarlates, notamment lors des combats entre mâles, en se

Mâle

Mâle en période nuptiale   Femelle

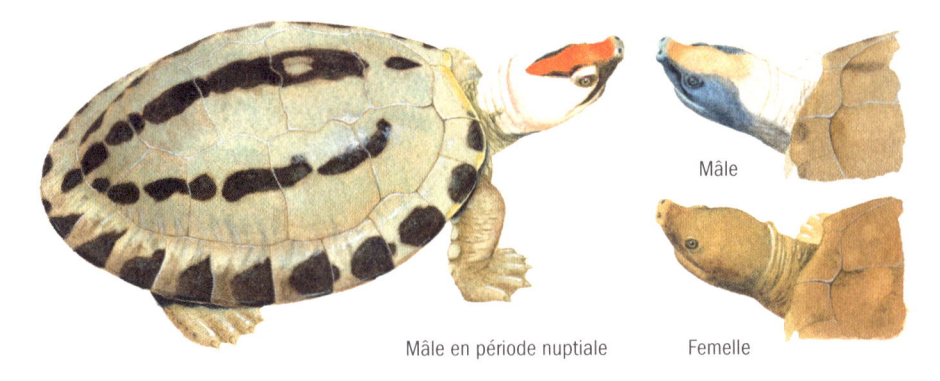

Le mâle de l'émyde peinte de Bornéo rougit avant l'amour.

gorgeant de sang. Le vaincu perd ses couleurs en même temps que la bataille, sa caroncule redevenant rose en quelques secondes.

Le mâle d'une tortue très originale, l'émyde peinte de Bornéo (*Callagur* ou *Batagur borneoensis*), rougit avant l'amour ! Fait exceptionnel chez les tortues, il change de couleur en période nuptiale : sa tête blanchit et il a le rouge au front. Autre exception colorée, mais chez les mammifères : le phoque à capuchon (*Cystophora cristata*) fait gonfler la membrane élastique qui sépare ses narines comme un chewing-gum, créant un ballon écarlate comparable à celui des frégates. Ainsi décoré, il peut impressionner ses rivaux ou séduire les femelles. Ces signaux rouges ne sont pas l'apanage des mâles. On retrouve la même teinte sur les fesses des femelles de babouins ou de bonobos, qui gonflent et rougissent lorsqu'elles sont en période œstrale. Pour les mâles, c'est alors feu vert !

Le phoque à capuchon drague en gonflant un ballon écarlate.

QUAND LES LÈVRES ROUGISSENT

Le rouge est la couleur de l'amour et de la passion par excellence. Les femmes l'ont compris depuis l'Antiquité, qui parent leurs lèvres de ce ton chaud, émettant ainsi un signal visuel associé à la séduction. Même s'il n'est pas clairement établi, un lien a été suggéré entre la couleur des lèvres buccales et des lèvres génitales. Le rouge à lèvres serait donc à la fois symbolique et suggestif.

Quoi qu'il en soit, et pour toutes les carnations, la bouche demeure une zone où la peau est particulièrement fine : seulement 0,02 millimètres contre 4 millimètres pour le haut du dos. Elle est plus colorée, car elle montre au travers de sa finesse les petits vaisseaux sanguins qui sont situés juste en dessous. Les lèvres foncent sous l'effet de l'excitation : plus ceux-ci sont dilatés par l'embrasement amoureux, plus le signal est intense : « Embrasse-moi ! »

BON À SAVOIR

La braguette magique

Bien qu'elle ne soit pas un costume de séduction, la braguette met en valeur les organes de reproduction, et elle est parfois utilisée dans des scènes érotiques. « Braguette » découle du mot latin *braca*, signifiant « poche ». C'est ainsi qu'à la Renaissance les hommes se sont mis à porter des sortes de collants inspirés de la « brague », que les soldats revêtaient sous leur cuirasse et qui ne dissimulaient rien de l'anatomie masculine. Ce que l'on nommait à l'époque leur « génitoire » était en sus orné d'un sac, mettant encore plus en avant leurs attributs masculins en les y enveloppant de la manière la plus ostentatoire possible. Pour lui donner de la matière et du volume, ces messieurs y dissimulaient de la nourriture ou parfois un mouchoir. Chez les plus aisés, le sac était remplacé par une coquille de gros calibre et ornée de décorations. C'est ainsi que naquit la fameuse braguette. À bouton ou à fermeture éclair, elle désigne aujourd'hui, par extension, l'ouverture sur le devant du pantalon.
À noter : pour beaucoup d'espèces, comme les chiens et les chats, le phallus est habituellement logé dans un fourreau et n'en sort qu'en cas d'érection. La vue du pénis n'a donc que peu d'importance chez ces mammifères.

Harle couronné

Arlequin plongeur

Carolin

Mandarin

Eider à tête grise

Tadorne de Belon

Canards mâles en costume de séduction.

COSTUMES DE NOCES

Si les humains revêtent des robes et des costumes traditionnels pour leur mariage, ils n'ont rien inventé. Beaucoup d'animaux, et en particulier les oiseaux, portent des parures de noces, des couleurs saisonnières qu'ils mettent en valeur au cours de leurs parades nuptiales. Un bel oiseau blanc, l'aigrette garzette (*Egretta garzetta*), porte en période de reproduction de magnifiques plumes, les aigrettes, qui lui ont donné son nom. D'autres exhibent leur plumage nuptial pour séduire, comme le paon qui fait la roue. Souvent très colorés, les canards (*Anatidae*) font un simulacre de toilettage pour dévoiler des plumes particulièrement brillantes, le miroir, qu'ils portent à l'arrière : pour plaire aux filles, ils font ainsi semblant de se laver !

Dans certaines ethnies, la palette s'inspire largement de la nature ou de la physiologie naturelle. Le phallus, par exemple, est valorisé au travers d'étuis péniens, parfois décorés de plumes, comme chez les Bororos, Amérindiens du Mato Grosso. Pour séduire, les Bororos sont également tatoués, maquillés et percés. Parmi leurs ornements faciaux, ils pratiquent notamment le labret central, ce piercing sous la lèvre inférieure. D'autres encore se servent pour différentes cérémonies de mariage de parures animales, plumes et fourrures : la boucle est bouclée.

LE RÔLE DE LA SYMÉTRIE DANS LA SÉDUCTION

Symétrie rime avec pleine santé et un corps aux mouvements optimums. Les chevaux de course dotés du squelette le plus symétrique sont ceux qui gagnent le plus souvent. Les parties externes symétriques, comme les ailes, les pattes, les cornes ou les antennes, font partie des arguments visuels de séduction. Toutes se révèlent plus efficaces lorsqu'elles sont équilibrées.

Chez des mammifères comme les antilopes oryx (*Oryx* sp., voir dessin page suivante), les cornes permettant de se défendre ou à d'attaquer jouent un rôle essentiel dans l'arsenal amoureux. Chez les mouches scorpions (*Panorpa* sp.), l'égalité des ailes, optimisant le vol, intervient dans les critères des femelles pour choisir un partenaire. Des expériences ont été menées par le biologiste Anders Møller sur les hirondelles rustiques (*Hirondo rustica*) à Tchernobyl, après la catastrophe nucléaire de 1986. Les mâles qui avaient subi des mutations déséquilibrant la longueur de leurs rectrices (les plumes de la queue) rencontraient moins de succès, et les femelles accouplées avec eux pondaient moins d'œufs que les autres. Mais, à Tchernobyl ou ailleurs, quand on égalise les plumes d'un oiseau avec des leurres, celui-ci devient plus attractif ! Et plus ces rectrices sont longues, plus le mâle a de succès.

L'HUMAIN, LUI AUSSI SENSIBLE À LA SYMÉTRIE ?

Pour nous aussi, la symétrie faciale et corporelle peut être le signe d'une bonne vigueur génétique. En effet, un corps symétrique est synonyme de bonnes capacités physiques et locomotrices : cela orienterait inconsciemment notre choix vers un partenaire jugé plus performant. Un visage symétrique suggère également un bon état de santé, donc une aptitude à faire de beaux bébés.

Et ne croyons pas que cela s'appliquait uniquement aux temps des cavernes ! Nous conservons ce goût pour la symétrie, que l'on trouve plus harmonieuse et séduisante. Une expérience notable du biologiste Karl Grammer, en 1994, a consisté à présenter des visages générés par ordinateur, pour en faire apprécier, entre autres, l'attractivité et la bonne santé par des volontaires. La conclusion a bien confirmé que la symétrie d'un visage le rend plus attractif.

===== BON À SAVOIR =====

Ovuler rend symétrique !
L'ovulation rend les femmes plus symétriques. En phase ovulatoire objectivée par échographie, les infimes dissymétries s'estompent, comme le fait d'avoir un sein un peu plus gros que l'autre, les doigts d'une main plus longs que sur l'autre, des oreilles, des joues, des paupières différentes, etc. Le cycle sexuel de la femme étant très discret, d'autres caractères visibles, aussi ténus soient-ils, sont donc à l'œuvre au travers d'une symétrisation corporelle, ce qui la met en valeur pour les partenaires éventuels.

BÊTES DE SEXE   **MILLE MANIÈRES DE DRAGUER**

SÉDUIRE EN PARADANT

Une fois le contact visuel établi, il est temps pour les partenaires amoureux de faire leur démonstration. Les formes et les couleurs sont souvent mises en valeur par des mouvements : c'est la parade nuptiale. Il est tentant de comparer les gestes parfois outranciers des oiseaux à ceux des danseurs de tango, car on ne peut pas s'empêcher d'y voir des points communs. Dans tous les cas, il y a de la séduction dans l'air.

À QUOI SERVENT LES PARADES NUPTIALES ?

Les parades nuptiales servent d'abord à s'identifier, à s'assurer d'avoir affaire à une ou un partenaire de la même espèce que soi. C'est en général le mâle qui se fait connaître par ses chants ou ses phéromones, qui informent déjà sur son identité précise. Chez les oiseaux notamment, les danses nuptiales, mécaniques et répétitives, peuvent nous paraître absurdes. Elles ont pour origine des gestes, parfois alimentaires, comme la saisie de nourriture, qui ont été détournés de leurs fonctions au cours de l'évolution, ritualisés jusqu'à devenir ces sortes de cartes d'identité gestuelles, des codes obligatoires avant d'accéder à l'autre.
La parade a aussi une fonction pacificatrice. Dans un monde sauvage où la vie de chacun peut être menacée à chaque instant, l'animal doit être rassuré sur les intentions de l'autre avant d'accepter la proximité et le contact. Un oiseau évitera que son bec, qui est son arme, pointe vers l'individu de ses désirs : les cigognes paradent en renversant la tête en arrière, les hérons dressent le bec vers le ciel, les goélands penchent la tête. Certaines postures sont infantiles : le moineau mâle tremblote des ailes comme un oisillon quémandant la becquée, c'est apaisant. Le moineau bêtifie… et ça plaît ! La durée de la danse nuptiale conduit également les animaux à synchroniser leurs cycles, et à répondre en même temps à la pulsion de l'accouplement. En interne, la parade agit sur les hormones* (voir « Nom de nom », p. 37) et peut stimuler l'ovulation de la femelle, comme cela a été montré chez des mammifères tels que le cerf, ou des oiseaux tels que la tourterelle turque (*Streptopelia decaocto*). De plus, nous avons vu

Pour séduire, le moineau bêtifie… et ça plaît !

avec les lézards fouette-queues (p. 18) qu'une parade entre individus du même sexe était également stimulante.

Chez l'homme ou la femme, il n'y a pas de parade nuptiale à proprement parler, mais plutôt des codes, parfois discrets, parfois moins, pour faire comprendre à l'autre qu'il nous plaît. Il existe également de nombreux rituels, différents selon les cultures, qui donnent aux partenaires le temps de mieux se connaître, et qui conduisent peu à peu au rapprochement des corps. Mais parfois, la pression sociale impose le mariage à des personnes qui ne se sont pas choisies, ce qu'on ne trouve pas *a priori* chez les animaux.

DES BOÎTES DE NUIT POUR LES OISEAUX

Les parades sont parfois collectives. Mâles et femelles se retrouvent dans une vaste foire aux partenaires, avec concours de danses et de chants nuptiaux, à la façon des discothèques. On appelle ces arènes des leks. Comme souvent, ce sont les mâles qui friment un maximum, bruyants et « exhibis », au taquet pour conquérir une ou plusieurs femelles.

Dans la forêt humide guyanaise, les coracines chauves (*Perissocephalus tricolor*) se rassemblent dans des arènes, toujours aux mêmes endroits, au moment de l'activité reproductrice des femelles. Ils poussent des cris ressemblant à des bruits de tronçonneuse ou des meuglements de vache, et redoublent leurs démonstrations à l'arrivée d'une partenaire potentielle, s'agitant, hurlant, ébouriffant les plumes de leur tête et des

Parade collective de coracines chauves en Guyane.

> **BON À SAVOIR**
>
> ### Danses humaines
>
> Les parades des oiseaux ne sont pas sans rappeler certains rituels de drague humains. Outre les codes sociaux propres à chaque région du monde, on peut dénombrer pas mal de similitudes. La danse serait l'expression verticale de nos désirs horizontaux. En ondulant, nous montrons à notre partenaire nos capacités de mouvements. Ces évocations physiques promettent ainsi de longues nuits langoureuses en transmettant des messages de proximité et d'érogénéité. C'est particulièrement visible à travers le tango, mètre étalon de toutes les danses de la passion. Les yeux dans les yeux, corps contre corps, nous pouvons frôler notre partenaire, sentir son parfum, ses phéromones, évaluer son excitation, et manifester à son regard des messages subliminaux de désir.

deux touffes orange de la base de leur queue. La femelle finit par se diriger vers le mâle dominant qui, généralement, est paradoxalement celui qui chante le moins[1].

Non loin de là, dans la pénombre de la forêt amazonienne, les coqs de roche (*Rupicola rupicola*) cherchent la lumière. Ces magnifiques oiseaux orange vif se placent dans les endroits les mieux éclairés pour faire leur show, mettant en valeur leurs couleurs et leur numéro sous ces spotlights naturels.

CADEAUX DE NOCES

Plusieurs espèces d'oiseaux se font des cadeaux de noces, comme les mouettes (*Larinae*) ou les martins-pêcheurs (*Alcedinidae*). Ici, il s'agit généralement de petits poissons, que la femelle peut accepter sans forcément consentir à l'accouplement. Pour elle, il n'y a dans l'acceptation de ces cadeaux rien de vénal. Elle peut ainsi juger des qualités de pêcheur du mâle, et par là de ses bons gènes.

Le mâle d'une araignée de nos jardins, la pisaure admirable (*Pisaura mirabilis*), empaquette une mouche pour occuper sa vorace femelle.

---

1. « Portraits d'oiseaux guyanais », Groupe d'étude et de protection des oiseaux en Guyane (GEPOG), Ibis rouge éditions, 2003.

Pendant qu'elle déballe le cadeau, il emballe ! Certains mâles d'autres espèces, plus mufles, offrent un cadeau sans intérêt, comme un reste de proie déjà consommée, voire un paquet vide. Quelques-uns ont le temps de faire leur affaire avant que la femelle s'en aperçoive, mais cette tromperie est rarement payante, et peu de tricheurs s'accouplent.
Le grillon des sauges (*Cyphoderris strepitans*), lui, donne dans le sacrifice : il se laisse carrément croquer le bout des ailes. Pour le bousier (*Scarabaeinae*), l'offrande irrésistible est évidemment une belle boule de bouse. L'important, c'est que ça plaise !
Une petite punaise (*Heteroptera*) se balade constamment avec une graine de figue plantée dans la trompe, qui suffira à faire craquer des femelles gourmandes. La blatte (*Blattaria*) est plus délicate qu'on veut bien le croire : le mâle possède sur le dos des bonbons aphrodisiaques qui attirent la femelle et l'obligent à se mettre dans la position de l'accouplement pour les déguster.

LA SÉDUCTION PAR LA RUSE

Pour certains mâles, une ruse assez répandue pour convaincre une partenaire consiste juste à raconter des bobards. En Afrique, chez les antilopes topis (*Damaliscus lunatus*), on compte en moyenne 20 femelles pour un mâle, et la compétition est rude. Les femelles sont très volages et multiplient les amants, passant rapidement du territoire de l'un à celui de l'autre pendant leur courte période d'œstrus, qui ne dure qu'un jour, rarement deux. Elles se battent entre elles, et chassent aussi des mâles afin de s'accoupler avec ceux qu'elles préfèrent. Pour obliger une femelle à rester plus longtemps auprès de lui, le topi mâle lance le grognement typique qui signale un prédateur, alors qu'il n'y en a aucun à l'horizon. Cependant, le cri d'alerte incite fortement la femelle à ne pas s'éloigner, et le mâle en profite pour parvenir à ses fins.

Autre exemple de bluff : quand une nouvelle poule (*Gallus gallus domesticus*) est introduite dans une basse-cour, le coq lance un cri typique avertissant qu'il y a de la nourriture. En réalité il n'y a rien à becqueter, mais la poulette est attirée vers le mâle. Méfiez-vous des beaux parleurs !

LES ÉMEUS AIMENT LES RELOUS

Bien que les Occidentaux fassent la chasse aux kilos superflus, beaucoup d'hommes dans le monde aiment que les femmes aient des courbes voluptueuses. Dans un bon nombre de civilisations extra-occidentales, une femme bien en chair est un signe de richesse, comme chez les Maoris, où le fait d'avoir une femme très ronde, *must* du sexy, est aussi un prestige social.

En Australie, la femelle émeu (*Dromaius novaehollandiae*) préfère elle aussi un partenaire de poids, mais pour d'autres raisons. Au cours de la parade nuptiale, des mâles s'assoient sur elle en pesant autant qu'ils le peuvent, et c'est le plus lourd d'entre eux qu'elle choisira pour s'accoupler ! La ponte de l'œuf de l'émeu est très coûteuse en énergie, car son volume est énorme. C'est pourquoi, une fois celui-ci pondu, la dame se précipite pour aller se nourrir et recharger ses batteries. C'est alors au mâle de faire disette et de couver le précieux œuf. Plus il aura de réserves, plus il sera à même de couver longtemps, et plus il semblera séduisant pour la femelle : voilà le secret de cette séduction de poids.

RITES DE SÉDUCTION CHEZ LES HUMAINS

Les rituels humains de séduction sont très différents de par le monde. En témoignent ces deux exemples. Chez les Peuls nigériens Wodaabe, la cérémonie annuelle appelée *Géréwol* est un concours où les femmes désignent les hommes les plus beaux et les plus endurants. Comme dans les arènes des oiseaux, les jeunes hommes maquillés s'exhibent alors dans des danses intenses, s'affrontant symboliquement à grand renfort d'œillades, sourires ou grimaces ; décorés de perles, coquillages et plumes d'autruche, considérées comme phalliques, glissées dans leur coiffe. Fait intéressant : leur danse est inspirée de la parade nuptiale d'oiseaux du désert.

Au Japon, l'envoûtement est encore plus sophistiqué. Il est opéré par des femmes qui élèvent la séduction au rang d'art, mêlant philosophie, culture, délicatesse, beauté, maîtrise du corps et de l'esprit. Ces séductrices raffinées sont les geishas, qui gardent la liberté de ne pas se marier, ce qui est un privilège en Asie. Elles n'ont cependant pas choisi leur statut, et une éducation stricte leur est imposée dans le but de répondre aux critères fondamentaux de plaisir des hommes à travers le chant,

> **BON À SAVOIR**

Vénéneuse séduction

En Italie, à la Renaissance, les dames qui voulaient séduire utilisaient à faible dose la belladone (*Atropa belladona*). Quelques gouttes extraites de cette plante suffisaient à dilater artificiellement leurs pupilles, ce qui était perçu comme une manifestation d'excitation sexuelle. L'œil large et luisant ayant une valeur attractive pour l'époque, on disait que la belladone rendait les femmes belles. Son nom viendrait de l'italien : *bella donna*, littéralement « belle femme ». Mais attention : toutes les parties de cette plante sont toxiques ! Selon la dose, la belladone peut provoquer des hallucinations ou la mort. Au Moyen Âge, des sorcières en auraient enduit des manches qu'elles mettaient au contact de leurs muqueuses les plus sensibles, celles de la vulve. Les hallucinations que la plante provoquait les auraient emmenées dans des voyages fantastiques. Ainsi serait née la légende des sorcières chevauchant des manches à balai. D'autres y voient plutôt un symbole chamanique des arbres cosmiques.

---

la danse, la discussion, mais également la soumission et la discrétion. Si leur statut social est élevé au Japon, leur condition n'est certainement pas enviable.

DU CADEAU À L'ENGAGEMENT

Pour la femelle animale, le cadeau de noces est un test d'évaluation de la qualité génétique du partenaire potentiel. Et pour les humains ? D'un point de vue très archaïque, la valeur de l'objet peut compter aussi : la richesse de l'individu qui nous séduit peut être sécurisante et attrayante. Mais tous les humains n'étant pas vénaux et calculateurs, la valeur symbolique, l'intention de faire plaisir et l'investissement personnel mis dans un cadeau peuvent compter beaucoup plus. Si une personne prend la peine de nous connaître, de nous comprendre, de savoir ce qui nous plaît, alors elle va gagner quelques points dans la sélection amoureuse.

L'alliance est quant à elle à la fois une offrande et un symbole chez l'humain. L'usage en remonte à l'Égypte antique. À cette époque, on croyait que l'annulaire gauche était relié à la « veine du cœur », symbole du siège des émotions (encore de nos jours). Souvent choisie ensemble, essayée, ajustée, gravée, cette bague est la promesse d'un lien de cœur.

Chez les animaux, certains cadeaux de noces sont aussi des gages d'investissement à long terme. Plutôt que de la nourriture, beaucoup d'oiseaux s'offrent des brindilles ou du matériel de construction du nid, comme autant de déclarations symboliques d'engagement pour l'union à venir.

CEUX QUI SE TROMPENT DE CIBLE

Les parades permettent aux partenaires de s'identifier ; les divers stimuli olfactifs, auditifs, visuels ou tactiles guident encore plus précisément leur choix. Mais ça ne marche pas à tous les coups ! Certains animaux se trompent de cible et s'accouplent avec n'importe qui, voire n'importe quoi : une autre espèce, un objet, ou même une plante !

DES CAS D'HYBRIDATION

Quand les parades ne permettent pas d'éviter les confusions entre espèces différentes, les pulsions sexuelles des partenaires les conduisent à l'accouplement. Les hybridations sont non seulement possibles entre espèces proches parmi les insectes, les poissons, les mammifères ou les oiseaux, mais elles sont assez fréquentes. Ainsi, des pies-grièches différentes peuvent s'unir et donner des oiseaux hybrides (voir dessin). Les canards colverts (*Anas platyrhynchos*), quant à eux, peuvent s'hybrider avec plus d'une cinquantaine d'espèces, dans la nature, sans intervention humaine !

Accouplement entre deux espèces différentes : une pie-grièche grise et une pie-grièche rousse.

En principe, les petits issus d'un accouplement entre espèces différentes sont stériles. Or, l'union de chats domestiques (*Felis silvestris catus*) avec des chats-léopards du Bengale (*Prionailurus bengalensis*), par exemple, donne des petits capables d'avoir eux-mêmes une descendance : la nature se fiche de nos classifications.

Notre propre lignée n'est pas exempte d'hybridations : les Occidentaux et les Asiatiques actuels sont tous issus en partie d'unions interspécifiques entre nos principaux ancêtres : les Cro-Magnon (*Homo sapiens*) et les Néandertal (*H. neanderthalensis*), et pour certaines populations, les Dénisoviens (*H. denisovensis*). Mais ne confondons pas l'hybridation avec le métissage, par exemple entre deux humains de couleurs différentes, car cela ne concerne que des partenaires de la même espèce *Homo sapiens*.

L'amour interspécifique et l'hybridation entrent donc dans l'évolution des espèces, voire leur survie. Les *grolars* sont un exemple frappant de la réponse de mammifères au réchauffement climatique : les grizzlis (*Ursus arctos horribilis*) montent de plus en plus vers le Nord et y rencontrent leurs parents proches, les ours blancs (*Ursus maritimus*) qui, quant à eux, sont menacés par la fonte des glaces et ne peuvent pas migrer plus haut. De leurs unions résultent des *grolars*, contraction de *grizzli* et *polar bear* (ours polaire), qui représentent peut-être la clé de survie de ces derniers.

LES LEURRES SEXUELS

La survie des uns se fait souvent sur le dos des autres : les différents signaux qui permettent aux partenaires sexuels de s'identifier sont parfois détournés par d'autres espèces. Mais dans ce cas, il ne s'agit pas d'amour !

Ainsi un coléoptère, le méloé (*Meloe franciscanus*) des déserts américains, leurre sexuellement l'abeille solitaire (*Habropoda pallida*), dont il est un parasite. Les larves du méloé sont minuscules, mais elles se rendent visibles en faisant masse, serrées les unes contre les autres. L'extraordinaire de l'histoire, c'est que leur rassemblement dessine la forme même de l'abeille ! Cette silhouette constitue un appât sexuel pour l'abeille mâle, qui se pose dessus pour s'accoupler. Mais elle n'y trouve qu'une armée de minuscules assaillants, qui lui grimpent dessus, se feront transporter et parasiteront d'autres abeilles.

Plus étonnant encore : des animaux sont sexuellement manipulés par des végétaux ! L'histoire se déroule au printemps sous nos climats. Plusieurs espèces d'orchidées sauvages, les ophrys (*Ophrys* sp.), jouent les racoleuses pour insectes. À la suite d'une longue coévolution avec ces animaux, elles imitent à la fois l'aspect de la femelle d'une espèce précise, sa consistance et même son odeur. Tous les stimuli de la séduction sont à l'œuvre pour attirer les mâles de la même espèce, qui généralement sortent d'hibernation avant leurs consœurs, et se font berner par ces leurres si séduisants. Il s'ensuit une pseudo-copulation où la bête n'a rien à gagner, alors que la plante se fait récolter sa semence. Imprégné de pollen, l'insecte ira se faire berner ailleurs, et c'est l'orchidée qui sera fécondée. Le végétal forme donc ici une sorte de poupée gonflable pour l'animal. Chaque espèce d'ophrys correspond à une espèce d'insecte, souvent unique, et ne pourrait survivre sans elle. On trouve ainsi des ophrys abeille, bourdon, mouche ou araignée, dont le nom ne correspond pas toujours à l'association réelle (l'ophrys mouche attire une petite guêpe), mais qui sont très spécialisées.

MOTIVÉS MOTIVÉS

Peu regardants sur l'objet de leurs désirs, certains animaux se leurrent eux-mêmes. Les mâles de tortues d'Hermann (*Testudo hermanni*) sont stimulés par toute forme hémisphérique : des tortues en plastique, des pierres rondes, des chaussures ou des ballons dégonflés[1].

Dans le parc naturel du Dorset, au sud-ouest de l'Angleterre, des poissons ont été asphyxiés par des crapauds mâles en rut, qui s'accrochent à n'importe quoi, y compris des nains de jardin.

L'un des cas qui a le plus défrayé la chronique scientifique est l'observation, en 1995, par le conservateur du musée d'histoire naturelle de Rotterdam, d'un colvert mâle (*Anas platyrhynchos*) en train de copuler avec un autre mâle... mort, gisant au sol. Son excitation (du canard) était à son comble, puisque l'accouplement a duré une heure et demie, et qu'il n'a été interrompu que par l'intervention de l'observateur. Ces faits sont difficiles à expliquer, mais rappelons-nous que dans cette

---

1. Bernard Devaux, La Tortue sauvage, *Sang de la Terre*, 1999.

Bien qu'il ait un pénis à tête chercheuse (voir p. 77), ce jeune éléphant n'a pas trouvé la bonne cible.

famille d'oiseaux, les mâles sont coutumiers des copulations forcées (voir p. 135), donc par définition pas très à l'écoute de l'autre... Moins glauque : une vidéo d'un jeune éléphant d'Afrique (*Loxodonta africana*) en train de monter un rhinocéros blanc (*Ceratotherium simum*) a beaucoup circulé dans les médias et sur Internet. Ce genre de méprises, ou d'actes sexuels atypiques, est finalement assez commun. 20 % des accouplements de la fameuse punaise des lits (voir p. 134), qui se font à l'aveugle, concernent des espèces différentes.

BON À SAVOIR

Du porno pour les animaux

Littéralement, *Pornographia* signifie « peinture de prostituée ». Il s'agit donc d'images et de stimuli visuels, et certains animaux y sont aussi sensibles que nous. Les scientifiques de l'université de Fribourg se sont aperçus que les épinoches (*Gasterosteus aculeatus*) mâles éjaculaient davantage s'ils étaient stimulés par des images d'accouplements. Les grands pandas (*Ailuropoda melanoleuca*) ayant la libido paresseuse, on les motive dans certains zoos en leur montrant des films adaptés... ce qui ne marche guère. À la vue d'une photo de vulve de guenon en œstrus, des chimpanzés captifs ont été pris d'une grande excitation. Élevée dans une famille humaine, donc largement imprégnée par notre espèce, une femelle de chimpanzé était très émoustillée par les photos d'hommes nus du magazine *Playgirl*, particulièrement le poster central, et se masturbait en le feuilletant. Ce qui démontre au passage que le fantasme n'est pas le propre de l'humain !

BÊTES DE SEXE **MILLE MANIÈRES DE DRAGUER**

> **LA NOTE DE LA SEXOLOGUE**
>
> ## QU'EST-CE QUE LA ZOOPHILIE ?
>
> La **zoophilie** consiste à avoir des relations sexuelles avec un animal non humain. Si des animaux se trompent d'espèce dans leurs activités amoureuses, chez les humains, il s'agit d'une déviance, doublée d'un acte de maltraitance animale.
> Non, ces animaux ne prennent pas plaisir aux jeux sexuels de quelques humains. Des chiens et d'autres espèces sont victimes de trafics, voire de « préparations » horribles sur lesquelles nous n'insisterons pas. L'association Animal Cross, qui a enquêté sur le phénomène, a découvert des pratiques beaucoup plus courantes qu'on pourrait le penser, à la fois violentes et quasiment impunies. À la suite de ses révélations, l'association a d'ailleurs reçu de telles menaces qu'elle a dû abandonner ses actions : nous sommes là dans des milieux aux comportements mafieux et sans scrupules. Si les sanctions pénales sont bien trop rares, les retours de bâton existent néanmoins : une étude brésilienne de 2011[1] a démontré que la zoophilie masculine augmentait le risque de cancer du pénis. Cela serait dû au microbiote anovaginal des animaux, ainsi qu'à leur conformation inadaptée au coït avec un humain, qui créerait des lésions. Précisons que cette enquête très sérieuse concernait une cohorte d'individus ayant pour beaucoup déclaré des relations sexuelles quotidiennes avec des équidés, des poules, des bovins et des ovins. Si cela ne suffit pas à dissuader les zoophiles, alors, une simple recherche d'images de cancer pénien devrait les y aider, car cela conduit bien souvent à l'amputation.

DU PORNO ET DES FANTASMES ?

Lorsqu'elles ne sont pas utilisées avec excès, les images et vidéos érotiques sont des projections de nos fantasmes et de notre imaginaire. Voir « du sexe » n'a pas pour seul effet de nous stimuler, cela peut également nous mener à ressentir les émotions, souvent surjouées par les acteurs, que nous voyons sur notre écran.

Il en découle cette sensation de vivre, par procuration, des fantasmes que nous ne pourrions ou n'oserions peut-être pas assouvir dans la réalité. Mais le bombardement par le porno ne laisse plus beaucoup de place à l'imaginaire.

---

1. *The Journal of Sexual Medicine*, vol 9, Issue 7, Juillet 2012, p. 1860-1867.

« *La langue est un organe sexuel
dont on se sert occasionnellement pour parler.* »

Boris VIAN

« *Les réalités de la nature dépassent nos rêves les plus ambitieux.* »

Auguste RODIN

Le clitoris de l'hyène est très particulier : ce faux phallus est aussi long que celui du mâle !

QUELS ORGANES !

Après la séduction viendra l'accouplement, qui fait appel à des parties du corps spécialisées : les organes génitaux. Ils composent dans le monde animal un catalogue surréaliste d'outillages improbables. Pourtant, les uns et les autres ont la même origine organique unique : d'où les nombreux points communs entre un clitoris et un pénis.

BÊTES DE SEXE, SEXES DE BÊTES

Pourquoi les organes sexuels des différents animaux sont-ils les parties anatomiques les plus diversifiées du monde vivant ? Certainement parce qu'ils sont au cœur des enjeux essentiels de la survie de ces espèces, qui passe par la transmission des gamètes* sexuels (voir « Nom de nom », p. 19) Cette transmission se réalise par l'accouplement, qui nécessite des outils organiques super performants.

VAGINS LABYRINTHIQUES

Pour les spermatozoïdes de la plupart des espèces, atteindre l'ovule est un vrai parcours du combattant. Milieu acide hostile à leur survie, couloirs interminables, circonvolutions compliquées, clapets, valvules et autres obstacles filtrent l'irruption des gamètes masculins. L'appareil reproducteur de la femelle hamster (*Cricetinae*), ainsi que de certaines mouches et araignées, comporte même une impasse !

Figure labels (schéma): rein, uretère, ovaire, ovaire, deux utérus, vagins latéraux, Vagin central, canal urogénital, vessie

Coléoptère aux ailes plumeuses

Kangourou

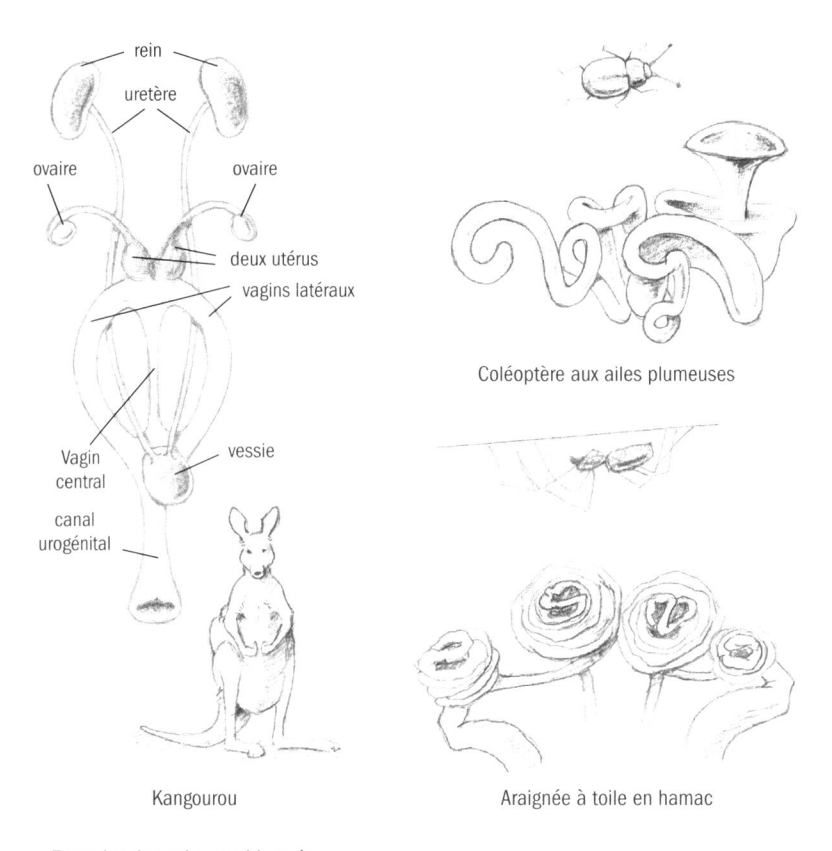

Araignée à toile en hamac

Exemples de vagins tarabiscotés.

Grands originaux parmi les mammifères, les marsupiaux se font remarquer là aussi : l'utérus des femelles kangourous (*Macropodidae*) est double, et elles ont trois vagins ! Les deux vagins situés sur le côté transportent le sperme vers les deux utérus, et le vagin central est mis à contribution pour la mise bas. Mais le système ne comprend pas deux entrées et une sortie, car les vagins se rejoignent en un seul conduit avant de déboucher à l'extérieur, qui ne comporte donc qu'un orifice. Alors pourquoi ce passage interne est-il divisé en trois ? Parce que les deux uretères, qui relient les reins à la vessie, passent entre chaque vagin, ce qui les maintient séparés et les empêche de fusionner (voir dessin ci-dessus). Celui du milieu est étroit, mais les bébés marsupiaux naissent prématurés et minuscules. Ouf !

La complexité du vagin des vertébrés explique sans doute ce paradoxe : chez les grands animaux, les mâles possèdent des petits spermatozoïdes, qu'ils envoient en quantité dans les voies génitales femelles ; alors que les minuscules, dont les femelles sont pourvues de vagins plus accessibles, produisent de grands spermatozoïdes. Le plus long du monde se trouve d'ailleurs chez une petite mouche du vinaigre d'Amérique centrale (*Drosophila bifurca*) : presque 6 centimètres ! (voir p. 88).
La plupart des insectes femelles, comme les cigales (*Cicadidae*), sont munies de deux pores génitaux externes. Le premier, appelé copulaporus, ne sert qu'à l'introduction de l'organe mâle. Le second, ou oviporus, n'est utilisé que pour la sortie des œufs.
Comme il existe toujours des exceptions aux règles, signalons quelques rares femelles qui n'ont pas de vagin. C'est le cas des macroscélides (*Macroscelidea*), des sortes de musaraignes à museau pointu : leur utérus débouche directement à l'extérieur. Autre curiosité : ces mammifères ont pour autre particularité d'avoir des règles. Et dans le monde animal, les règles sont une exception (voir p. 110).

LES ANIMAUX ONT DES CLITOS

Au moins 10 000 espèces animales auraient un clito. Présent chez presque toutes les femelles reptiles et chez toutes les dames mammifères, de la souris à la baleine, le clitoris est l'organe du plaisir par excellence. D'ailleurs, il ne sert qu'à cela. Très romantique, celui des serpents forme généralement un petit cœur. Mais oui, même les couleuvres prennent leur pied !
Dans la famille crocodile (*Crocodylinae*), le clitoris a la même taille que le pénis des mâles, soit une dizaine de centimètres pour des animaux de 4 mètres de long. Celui de l'éléphante peut dépasser 40 centimètres. Cet organe a disparu au cours de l'évolution chez les oiseaux, qui ne sont plus non plus dotés de pénis (sauf exceptions).
Le clitoris n'a jamais été beaucoup étudié dans les publications scientifiques, bien souvent écrites par des hommes, sinon pour l'hyène, car le sien est visible et phallique (voir « Elle accouche par le clitoris », p. 74).
Les espèces dotées des clitoris les plus importants sont celles qui pratiquent l'érotisme le plus varié. Le bonbon des bonobos est particu-

lièrement proéminent, celui des dauphines est le plus gros. En 2022, la publication d'une étude menée par la biologiste Patricia Brennan[1] sur les dauphines a fait sensation. Les femelles se servent de leur clitoris pour prendre du plaisir ou en donner à leurs partenaires. Elles utilisent alors leur rostre (leur museau) ou leurs nageoires pour éduquer leurs filles ou stimuler les copines. Ces rapports sexuels « pour le fun » des cétacés maintiennent de bonnes relations sociales.

Très semblable au clitoris des humaines, celui des dauphines est très innervé. Sa peau fine permet un meilleur accès aux sensations et ses tissus se gorgent de sang, ce qui le rend érectile. Bien sûr, le bel outil comporte des cellules sensorielles, les « corpuscules génitaux », instruments de plaisir que l'on retrouve dans le clitoris ou le pénis des humains. Douce parenté des mammifères...

ELLE ACCOUCHE PAR LE CLITORIS

Avec un clitoris ressemblant à un pénis, certaines femelles ont des apparences masculines, comme les taupes, les singes-araignées ou les fossas, des mammifères de Madagascar. Les femelles de fossas (*Cryptoprocta ferox*), dont le clitoris est renforcé par un os et des épines, ne se virilisent qu'à certaines périodes immatures, ce qui leur éviterait d'être agressées par des mâles.

Chez l'hyène tachetée, ou hyène rieuse (*Crocuta crocuta*), la masculinisation est constante. Dans l'Antiquité, on pensait que l'espèce était hermaphrodite*(voir « Nom de nom », p. 169), et changeait de sexe suivant ses besoins. En réalité, la femelle possède un faux phallus aussi grand et long que le pénis des mâles. Il consiste en un conduit servant à copuler en devenant flasque et en « s'invaginant », c'est-à-dire en se retournant comme un doigt de gant pour recevoir le pénis du mâle. De plus, les lèvres et l'appareil génital de la femelle pendent : la fusion de la vulve et d'un vestige de vagin ont une apparence de scrotum ! Quant au faux phallus, il contient toutes les structures anatomiques clitoridiennes et il est capable de s'ériger. C'est aussi par cet étroit conduit que les hyènes accouchent. Et là, l'hyène

---

1. Patricia Brennan, Current Biology, Vol. 30, 19 p. R1064-R1066, octobre 2022.

rieuse ne rigole plus. Pendant la mise bas, le conduit se déchire très souvent, ce qui donne parfois lieu à des accouchements très pénibles, où le pronostic vital de la maman et du petit est parfois engagé. Les scientifiques parlent d'ailleurs de « fardeau évolutif[1] » : les avantages procurés – ici, la domination des femelles sur les mâles, rendues plus fortes qu'eux par l'excès d'hormones viriles –, qui ont été sélectionnés uniquement sur les organes génitaux, se sont accompagnés d'effets collatéraux franchement négatifs : chez l'hyène, porter la culotte a un coût...

LES ZIZIS ZINZINS DU ZOO

Les organes sexuels masculins ont été beaucoup plus étudiés que les organes féminins, à la fois parce que ces derniers sont internes et plus difficiles à observer, et aussi parce que la science, essentiellement régie par des hommes, est entachée de misogynie. On a beaucoup manqué de chercheuses... Mais comme nous avons acquis des connaissances sur une délectable diversité de pénis[2], nous allons en répertorier quelques cas pour le plaisir.

Commençons par les animaux qui en sont dépourvus : 97 % des oiseaux n'ont pas de petit oiseau, car ils l'ont perdu au cours de l'évolution. Pour s'aimer, ils pratiquent le « baiser cloacal », ce rapide contact de cloaque à cloaque. Cependant, le zizi est reparu chez plusieurs espèces. La paroi cloacale des autruches (*Struthionidae*) s'est étendue jusqu'à jouer un rôle d'organe d'intromission (la femelle est d'ailleurs pourvue d'un clitoris, ces deux organes ayant beaucoup de points communs). Chez les canards (*Anatidae*), il s'agit d'une longue excroissance spiralée, un tire-bouchon bien pratique pour s'arrimer quand on s'accouple sur l'eau.

D'autres espèces sont dotées de deux pénis, comme les requins, plus précisément un pénis divisé en deux appelé ptérygopode, et nommé hémipénis chez les reptiles. Mais l'emboîtement sexuel ne marche pas

---

1. Guillaume Lecointre (sous la direction de), Guide critique de l'évolution, Belin, 2009, p. 351.
2. Voir Marc Giraud, Le Sex-appeal du crocodile et autres histoires bestiales, Delachaux et Niestlé, 2016.

Chat

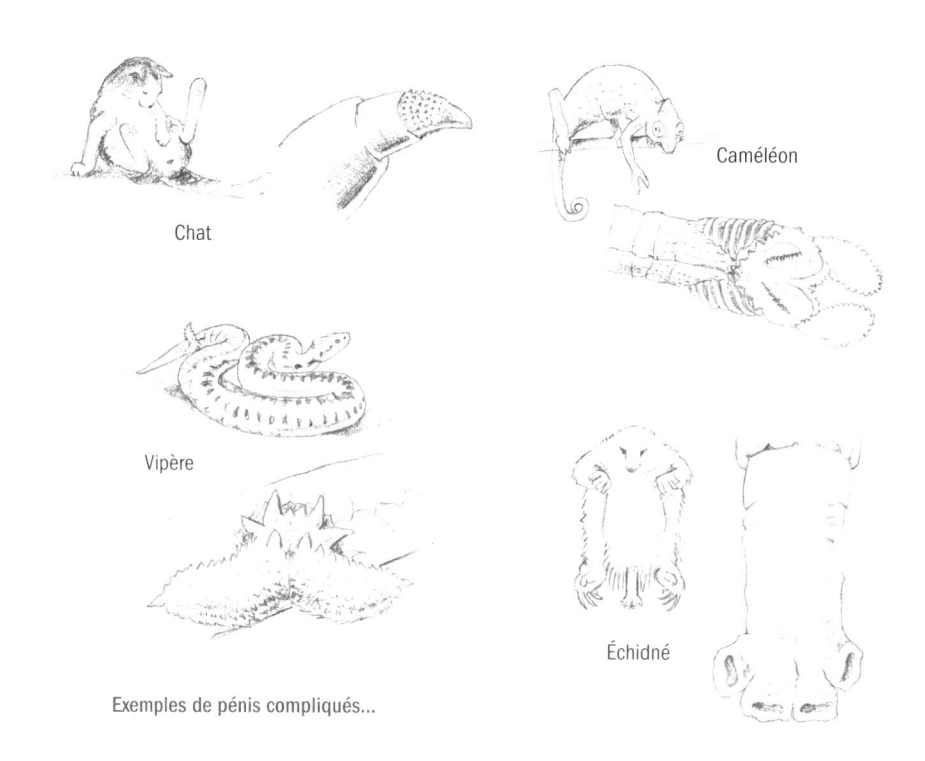

Caméléon

Vipère

Échidné

Exemples de pénis compliqués...

comme les prises électriques : la femelle n'a qu'un orifice, et un seul des deux membres le pénètre. N'ayant pas de bras pour s'enlacer, les serpents doivent s'accrocher à leur partenaire, et leur double membre est garni de piquants. La femelle étant plus grande, c'est elle qui décide où elle va, et elle entraîne parfois le mâle en le tenant par le sexe...
Plus fort encore : roi des glandeurs, l'échidné (*Tachyglossidae*) est doté d'une quéquette à 4 têtes, soit 4 glands ! Pour féconder les voies génitales compliquées des femelles, les têtes pénètrent deux par deux, puis elles éjaculent en alternance dans des ramifications opposées, un peu comme un arroseur.

JOYSTICK DÉTACHABLE

Les calmars géants (*Architeuthis dux*) sont dotés d'un pénis qui est une véritable lance à incendie à haute pression mesurant 2,50 mètres. Celle-ci tire un peu partout : sur le corps d'une femelle, ou encore sur un autre mâle. Sur des individus échoués sur une plage espagnole, on a retrouvé un mâle qui s'était lui-même injecté, via un spermatophore*, du sperme dans les membres et dans le corps ! Pour ces créatures de 18 mètres de long, munies de 8 bras et de 2 tentacules, féconder des femelles souvent réfractaires, qui se retrouvent littéralement percées par le pénis, l'accouplement doit être mouvementé.

Les calmars, pieuvres et autres céphalopodes utilisent un de leurs tentacules comme transmetteur de sperme. L'un des plus étranges est celui de l'argonaute (*Argonauta argo*), car il est détachable ! C'est le zob qui fait le job, et il est de taille : dix fois la longueur de la bête, le record du monde animal. Mais il faut dire que la femelle elle-même est 10 à 50 fois plus grande que le mâle (ça équilibre). Après avoir longuement fouillé la cavité de la femelle, ce tentacule copulateur, appelé hectocotyle, se sépare donc pour toujours de son propriétaire. On a retrouvé plusieurs hectocotyles dans la cavité de certaines femelles. Le mâle, lui, meurt ou se fait dévorer par sa partenaire.

Toujours plus fort : le joystick d'une limace de mer (*Chromodoris reticulata*) se détache après l'accouplement, mais il peut repousser en 24 heures, prêt pour une nouvelle partie, et cela trois fois de suite !

GRANDE COMME ÇA

Quant aux tailles des pénis, elles sont fort variées. Celui du chat mesure 2 centimètres, mais l'animal n'est pas grand. Le grand panda n'a qu'un petit nem de 3 centimètres en érection, le chimpanzé une micro-banane de 2 centimètres, et l'énorme gorille en a une de 5 centimètres quand il hisse les couleurs. Parmi les primates, l'homme s'en sort plutôt pas mal avec ses 13,6 centimètres en moyenne. Parmi les membres les plus impressionnants, celui du cheval mesure 60 centimètres et celui de l'éléphant 1,50 mètre pour un poids de 35 kilos. De plus, cette deuxième trompe est à « tête chercheuse », car l'extrémité du pénis est mobile. Pratique, quand l'accouplement entre pachydermes s'accomplit à l'aveugle ! Le record est évidemment celui de la baleine bleue : 3 mètres pour une circonférence de 1 mètre à la base. Le coït n'est pas simple non plus, et le mâle se ferait souvent aider par d'autres pour atteindre la position lui permettant de trouver la géographie de sa chérie.

Pour les proportions, comme nous l'avons vu, c'est l'argonaute qui frime au sommet du podium, avec un outil dix fois long comme son corps.

Y A UN OS !

Parmi les curiosités du monde animal, on trouve des organes sexuels faits de chair, mais qui cachent un os : il y a une fève dans la galette ! Il s'agit d'un os pénien pour certains mâles, le « baculum », et d'un os clitoridien chez certaines femelles, le « baubellum ». Baculum et baubellum sont de formes et surtout de tailles parfois très différentes suivant les espèces. Le baculum est un os flottant, ce qui signifie qu'il n'est pas rattaché au reste du squelette. Étant apparu plusieurs fois au cours de l'évolution, cet os a pu remplir plusieurs fonctions, comme à faciliter la pénétration, la prolonger ou protéger le pénis et le fragile urètre des percussions. Par ailleurs, on constate un lien entre la longueur du baculum et la compétition sexuelle. Ainsi, dans les espèces où la période fertile des femelles est assez courte et la concurrence plutôt rude, le baculum est de plus grande taille. Les chats, les chiens, les visons ou les phoques possèdent des os péniens, ainsi que la plupart des primates (mais pas l'humain, rappelons-le !). Les records se trouvent parmi les morses et les éléphants de mer, affublés d'une matraque de 40 centimètres. Chez ces mâles gardant de grands harems, qui ne reproduisent qu'au seul moment de l'année où ils se rassemblent sur la terre ferme, la compétition aussi est rude.

Quant au baubellum, équivalent féminin du baculum, c'est un peu l'histoire de la méconnaissance du clitoris qui se répète. Il a été décrit

Rat surmulot 0,7 cm
Castor 3,5 cm
Chien 13,8 cm
Morse 60 cm

Os péniens à la même échelle.

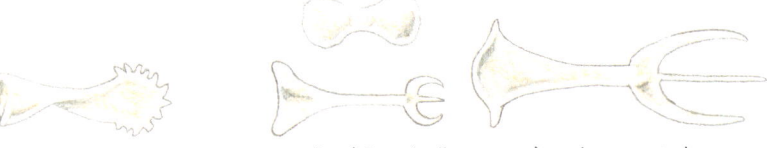

Os pénien d'écureuil terrestre.   Os péniens de diverses espèces de campagnols.

600 mm	10 mm
30 mm	5 mm
Morse	Écureuil

Os péniens (baculums) et clitoridiens (baubellums) du morse et de l'écureuil.

en 1666 chez la loutre par un médecin, Claude Perrault. Il existe également chez certains primates, carnivores, rongeurs ou chauves-souris. Pour certaines espèces, on ne le trouve que dans certaines femelles, comme les chiennes ou les écureuils roux. Mais bien peu d'études ont été réalisées à son sujet, et on doit aux biologistes Emmanuelle Pouydebat et Camille Pacou d'y travailler à l'heure actuelle.

De facto, la fonction de l'os clitoridien, qui décroît avec l'âge, n'est pas vraiment définie. Pour les uns, il s'agirait d'un reliquat du pendant masculin qui n'aurait pas totalement disparu au cours de l'évolution. Pour d'autres, la fonction n'est tout simplement pas établie ou reste du domaine de l'hypothétique rôle dans le plaisir éprouvé par les femelles, mais rien de très assertif. L'implication des femmes dans les sciences va ici encore faire évoluer la connaissance du baubellum, pour notre plus grand plaisir !

LA NOTE DE LA SEXOLOGUE

FRACTURE DE PÉNIS ?

Si la fracture du pénis existe bien chez les humains, elle n'est pas liée à la présence d'un os, car le membre masculin n'en possède pas : il s'agit plutôt d'acrobaties amoureuses ayant entraîné une rupture des corps caverneux. Mais alors, pourquoi les hommes sont-ils quasiment les seuls primates à ne pas posséder d'os pénien ? Nous ne le savons pas vraiment, mais nous pouvons imaginer, entre autres, que la lignée de l'homme a fini par se sédentariser et devenir essentiellement monogame. Cette monogamie, qui fait quasiment disparaître la pression due à la concurrence sexuelle, serait à l'origine de cette disparition osseuse au cours de l'évolution.

ON LES IDENTIFIE À LEUR SEXE

Pour déterminer des insectes qui se ressemblent comme deux gouttes d'eau, deux espèces de coléoptères (*Coleoptera*) mâles par exemple, les entomologistes sont obligés de leur disséquer les genitalia, c'est-à-dire de scruter leurs organes génitaux au microscope. En effet, les pénis des coléoptères sont tellement différents les uns des autres que leur observation permet aisément d'identifier chaque espèce, même quand il s'agit de sosies pour le reste du corps.

Les organes génitaux sont très variés d'une espèce à l'autre, y compris dans l'ordre des primates. Entre le chimpanzé (*Pan troglodytes*) et l'humain (*Homo sapiens*), pourtant proches génétiquement, les anatomies sexuelles sont bien éloignées. La vulve de la femme comporte des petites lèvres, au contraire de celle de la femelle chimpanzé, qui en est dépourvue. Le clitoris des bonobos (*Pan paniscus*) est plus proéminent que celui des femmes et des chimpanzés, mais avec la maturité, il est masqué par le gonflement spectaculaire du postérieur pendant les chaleurs. Le pénis de l'homme est large, surmonté d'un gland, avec un prépuce et deux corps caverneux. Celui du chimpanzé mâle est fin, sans gland ni prépuce, décoré de petites épines, avec un seul corps caverneux mais renforcé par un baculum. En revanche, les bourses des chimpanzés et des bonobos sont beaucoup plus volumineuses que celles des hommes. Il n'y a pas photo...

ORGANES FÉMININS ET MASCULINS

COMMENT LE SEXE APPARAÎT

Chez certains reptiles, c'est la température de l'emplacement dans le nid qui va décider du sexe du bébé à naître : plus l'œuf est au chaud, plus sûrement il donnera un mâle chez les crocodiles, ou une femelle chez les tortues. L'expression des gènes mâles ou femelles dépend ici d'un contexte extérieur, la chaleur. Ça n'est évidemment pas le cas pour la plupart des espèces animales. Chez les humains, c'est le spermatozoïde vainqueur de la course intra-utérine qui donnera le sexe du bébé.

BÊTES DE SEXE **QUELS ORGANES !**

Chez les alligators, le sexe des petits dépend de la température au sein du nid.

81

Sur nos 23 paires de chromosomes, nous en possédons des spéciaux, les gonosomes, dont la fonction principale est de donner le genre biologique de l'individu. Ils sont nommés X ou Y. Les femmes sont génétiquement XX, les hommes XY. Si la maman ne peut donner qu'un de ses X, le papa, quant à lui, peut, aléatoirement, donner un X ou un Y. C'est donc bien le matériel mâle qui déterminera, chez l'humain, le genre génétique du bébé.

CLITORIS ET PÉNIS, UNE MÊME ORIGINE

Au début de leur développement, les embryons des humains et des autres animaux ont un sexe encore indéterminé : à l'origine, clitoris et pénis partent tous du même bourgeon génital. Le bébé traverse un stade neutre au cours duquel son sexe est impossible à identifier par échographie. Chez les fœtus humains, la différenciation génitale commence à la 8ᵉ semaine (mais n'est visible qu'à la 12ᵉ). Les organes sexuels se distinguent sous l'influence des hormones* (voir « Nom de nom », p. 37) : les grandes lèvres correspondent aux testicules, le clitoris au pénis, et le vagin de l'une est issu du périnée de l'autre (voir dessin).

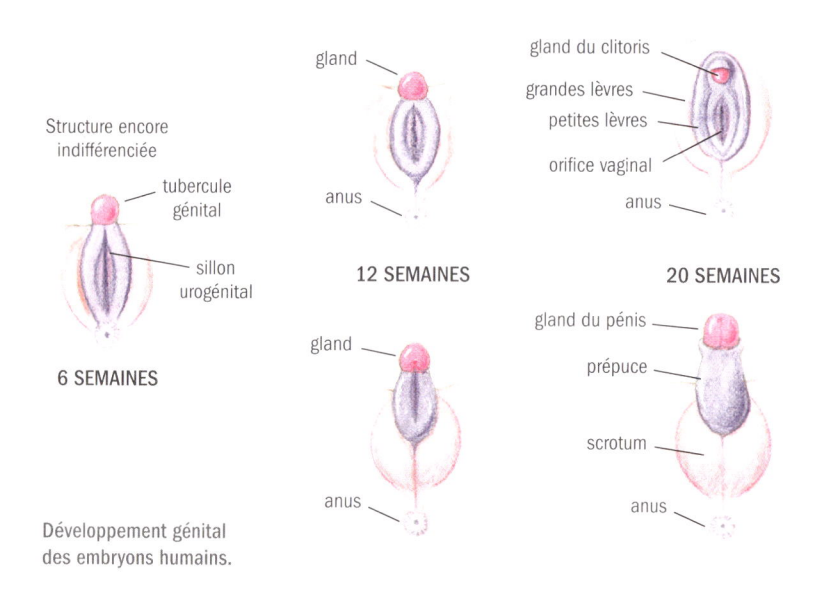

Développement génital des embryons humains.

BÊTES DE SEXE **QUELS ORGANES !**

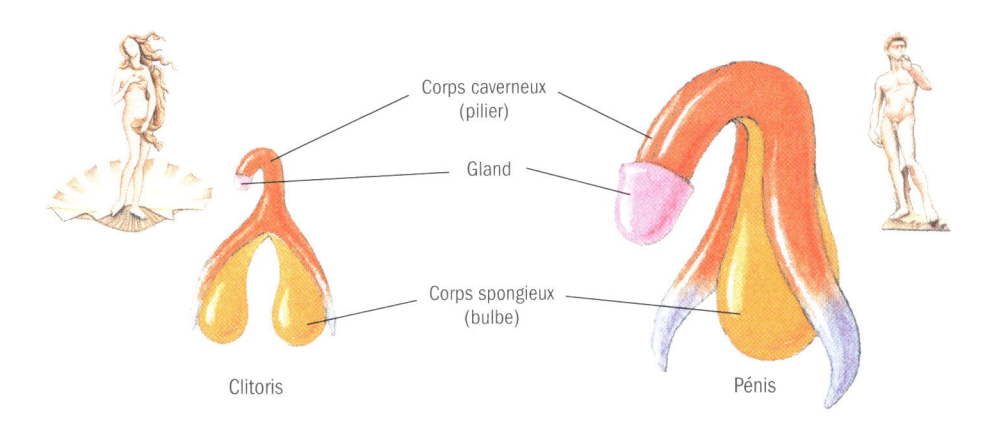

- Corps caverneux (pilier)
- Gland
- Corps spongieux (bulbe)

Clitoris   Pénis

Clitoris et pénis humains, même structure !

Maintenant qu'ils sont formés, observons nos organes d'un peu plus près. Nous pouvons alors constater que le clitoris et le pénis contiennent tous deux des corps caverneux et érectiles, ainsi qu'un gland. Mais ce n'est pas tout : en observant la peau des testicules, ou « scrotum » (messieurs, à vos miroirs !), vous constaterez un liseré plus foncé qui ressemble à une suture. Eh bien, c'est le cas : si vos testicules n'étaient pas apparus, ils seraient restés en hauteur dans votre abdomen, tout comme des ovaires, et si la suture ne s'était pas refermée, elle aurait donné les lèvres et la vulve ! Les hommes gardent ainsi les lèvres fermées...

MISE AU POINT SUR LE CLITO

L'unique rôle connu de cet organe consiste à se gorger de sang par ses corps caverneux et, tout comme le pénis, à s'ériger et à offrir du plaisir. La différence entre eux étant que le pénis se dresse vers le haut, alors que le clitoris se rallonge et se recourbe vers le bas. Chez la femme, il est niché au cœur de la vulve, sous les lèvres, et on ne voit de lui que son prépuce et son gland. Mais si la caresse externe ne stimule que cette infime partie de l'organe – qui mesure tout de même 10 bons centimètres en interne –, la pénétration permet la stimulation des branches cachées.

Le clitoris n'a pas moins de 8 000 à 10 000 terminaisons sensorielles, tout comme le gland masculin d'ailleurs. Cependant, comme le gland du clitoris est plus petit, la concentration nerveuse y est 50 fois plus

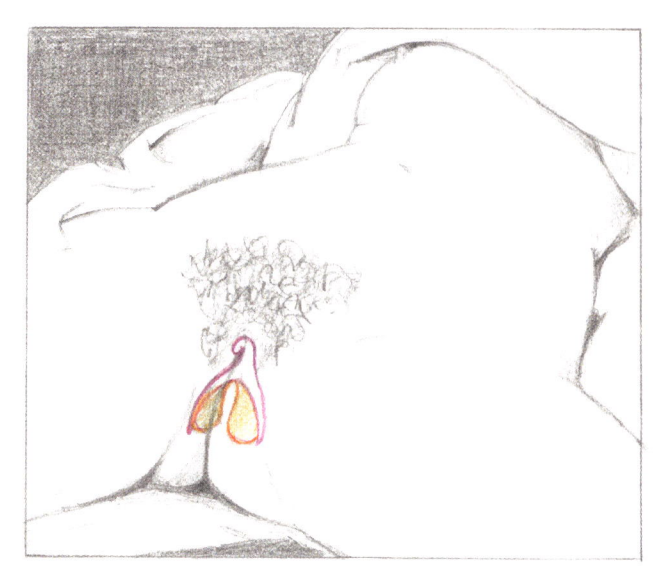

L'origine du plaisir (d'après Gustave Courbet) : le clitoris.

élevée ! Le complexe clitoris/urètre/vagin (CUV) est solidaire et l'ensemble participe au plaisir, mais la partie antérieure du vagin, en contact avec le clitoris, est souvent appelée point G. Parfois pris pour une légende, le point de Gräfenberg, du nom de son découvreur en 1950, peut aujourd'hui prétendre à sa légitimité. Par ailleurs, il demeure plus sensible à la pression qu'à la friction. Petit conseil sexoloGique !

QUAND LE VAGIN VA, TOUT VA

La vulve, partie extérieure et visible du sexe féminin, est parfois nommée vagin, à tort. Le vagin est un conduit interne entouré des muscles périnéaux. Il contient un ensemble de bactéries protectrices qu'il est précieux de préserver pour garder une bonne santé sexuelle : le vagin est autonettoyant, les douches internes sont donc déconseillées ! Mesdames, si vous contractez les muscles périnéaux, vous allez aussitôt sentir votre vagin se contracter aussi : ça n'est donc pas un sac inerte. À sa terminaison extérieure, aux abords de la vulve, il est richement innervé. À sa terminaison interne, on trouve le col de l'utérus, dont la fonction est reproductive. Une femme sans utérus peut tout à fait pratiquer la pénétration vaginale et éprouver du plaisir. L'entrée du vagin est en contact étroit avec les branches internes du clitoris et, lors de la pénétration, ces branches sont stimulées. Lors de l'excitation sexuelle, des petites glandes situées sous la muqueuse, les glandes de Bartholin, laissent s'écouler un liquide transparent permettant la lubrification de la vulve et de l'entrée du vagin. L'intérieur du vagin, quant à lui, se gonfle de sang sous l'effet de l'excitation, entraînant l'émission d'un transsudat issu du système vasculaire, ce qui augmente encore la lubrification. Ces sécrétions portent le nom de cyprine.

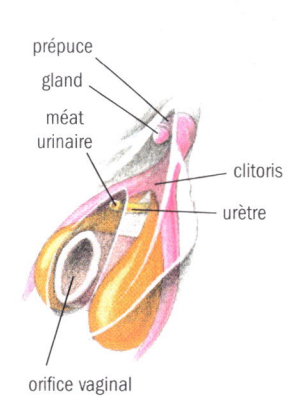

Clitoris, urètre et vagin sont étroitement liés.

LA NOTE DE LA SEXOLOGUE

UN HYMEN, C'EST QUOI ?

L'**hymen** est une membrane qui se trouve à l'entrée du vagin. Elle est très élastique et sert essentiellement de protection pour le vagin immature des petites filles. En effet, le pH, la flore et la muqueuse de celles-ci est très différent et plus fragile que celui des femmes, qui sont sous l'influence des hormones* (voir « Nom de nom », p. 37).
Pourtant l'hymen n'est pas, comme certaines jeunes femmes peuvent le craindre, une barrière infranchissable. Au contraire, il est non seulement très souple, mais il est également naturellement perforé, notamment pour laisser passer les fluides vaginaux, présents dès la petite enfance, ainsi que les règles à la puberté.
Les taches sur les draps qui prouveraient la virginité d'une femme sont un mythe. En réalité, l'hymen se déchire rarement lors du premier rapport sexuel et le sang ne coule pas toujours. Au cours de la première fois, l'hymen s'étend et se colle sur le pourtour de l'entrée du vagin pour laisser passer le pénis. L'hymen ne disparaît pas, il reste toute la vie rétracté et collé au vagin.

QUAND UN LIQUIDE REND RIGIDE

Les petits humains de sexe masculin connaissent des érections dès la formation de leur pénis, dans le ventre de leur mère. Le pénis est une formidable machinerie, à la fois vasculaire, neurologique et excrétoire, c'est un vrai couteau suisse permettant à la fois la miction, la pénétration, l'éjaculation, la fécondation et le plaisir. Tout ça avec le même conduit ! Sous l'effet de l'excitation, le corps se met à sécréter du monoxyde d'azote, qui a un effet vasodilatateur. Le pénis se gorge alors de sang, majoritairement par ses corps caverneux, et dans une moindre mesure par les corps spongieux. Une fois dressé, le pénis gagne en volume et devient rigide, ce qui le rend apte à la pénétration.

▰▰▰ BON À SAVOIR

Le pénis à la fête

Le *Kanamara matsuri* est le festival annuel du pénis au Japon, qui glorifie le membre viril pour fêter la fertilité. On y voit des sculptures parfois énormes de pénis, des sucettes, des bonbons, des gâteaux à l'effigie du membre masculin, mais également des objets de toutes sortes en forme de verge.

Mécanique de l'érection.

Pénis au repos
- vessie
- corps caverneux
- pénis
- prostate
- corps spongieux
- urètre
- canal déférent
- épididyme
- testicule

Coupe frontale
- corps caverneux
- urètre

Pénis en érection
- tissus érectiles remplis de sang
- vésicule séminale

Le pénis contient 8 fois plus de sang en érection.

Coupe frontale
- corps caverneux
- urètre

> **LA NOTE DU NATURALISTE**
>
> **SCRUTONS LES SCROTUMS**
> Les testicules ne fonctionnent pas toujours en duo, puisqu'ils sont au nombre de quatre chez les poux (*Pediculus humanus*). À l'échelle humaine, un pou porterait 5 kilos de coucougnettes, côtoyant un pénis qui serait grand comme une cuisse ! Les lépismes, ou « poissons d'argent » (*Lepisma saccharina*), portent allègrement 2, 3, 6 ou 7 paires de testicules, et certains mille-pattes une vingtaine de paires.

Mais les érections sont aussi un phénomène spontané et nocturne, qui se produit en phase de sommeil paradoxal. Le lien avec les rêves érotiques n'est pas systématique, car ces érections serviraient davantage à entretenir les circuits hydrauliques et éviter la sclérose des corps caverneux.

DES VITAMINES DANS LE SPERME

Le sperme est fabriqué dans les testicules, qui ont d'ailleurs la même origine embryonnaire que les ovaires. La plupart des vertébrés en possèdent deux, cachés à l'intérieur du corps chez les poissons, les amphibiens, les reptiles, les oiseaux et des mammifères marins comme les dauphins. En bons mammifères terrestres, les hommes ont le scrotum situé à l'extérieur. Lors de l'érection, celui-ci se resserre en même temps que le pénis, ce qui donne aux deux glandes d'environ 18 grammes chacune une rigidité supplémentaire.

La prostate, quant à elle, se situe sous la vessie. Sa forme et sa taille rappellent celles d'un marron. La prostate sécrète en tout 20 % du liquide séminal, les autres glandes produisant le sperme étant les testicules et celles du méat urinaire, qui émettent un lubrifiant se mélangeant à 2 % au sperme (ce qui facilite son expulsion) : le liquide préspermatique. Attention, malgré son nom, ce liquide émis par le pénis lors de l'excitation contient déjà quelques spermatozoïdes actifs et fécondants, ce qui explique pourquoi la méthode de contraception consistant à se retirer avant l'éjaculation a donné quelques naissances surprises.

Le sperme est également composé de liquides émis par la prostate et les vésicules séminales, de quelques globules blancs et de son propre microbiote. Tout comme la cyprine contient la flore de Döderlin chez les femmes, le sperme contient la flore intime masculine, en provenance du microbiote de la vessie, de l'urètre lui-même et des téguments, comme la peau et la muqueuse. Enfin, le sperme contient du fructose et des vitamines B12 et C, qui nourrissent les spermatozoïdes.

MÉCANISME DE L'ÉJACULATION

L'éjaculation est un phénomène réflexe : on ne la contrôle pas. C'est le degré d'excitation menant à l'éjaculation que les hommes apprennent à réguler. Une fois l'excitation arrivée à son paroxysme, un arc réflexe se crée dans la moelle épinière. Il commande alors aux muscles périnéaux une succession de mouvements « péristaltiques » qui propulsent le sperme à l'extérieur.

L'éjaculat humain varie entre 3 et 7 millilitres. Le volume, ainsi que la concentration en spermatozoïdes, sont très variables, allant de quelques dizaines à plusieurs centaines de millions de spermatozoïdes, ce qui dépend notamment du temps d'abstinence. Si l'on prend un chiffre moyen de 300 millions à l'unité, cela totalise dans une vie d'homme environ un millier de milliards de spermatozoïdes.

La baleine bleue, forte d'un pénis de plus de 2 mètres, est capable de propulser une vingtaine de litres de semence d'un seul coup ! Du côté des records de fertilité, un éjaculat de porc peut dépasser 50 milliards de spermatozoïdes. Les oiseaux ont généralement peu de sperme, mais celui-ci est très concentré en gamètes*. Au cours d'un accouplement, un pigeon lâche 200 millions de spermatozoïdes. Il est largement battu par un oiseau australien, le mérion superbe (*Malurus cyaneus*), dont nous avons apprécié les parades romantiques (voir p. 38) : ce petit champion en expulse 8 milliards en un éjaculat, et ses testicules atteignent 25 % de son poids !

Paradoxalement, les spermatozoïdes les plus longs du monde, mesurant presque 6 centimètres (58 millimètres exactement), appartiennent à la minuscule mouche drosophile (*Drosophila bifurca*, voir dessin ci-contre en haut), et font 15 fois la longueur de son corps. Elle en a peu, mais ils sont conséquents, ce qui leur permet d'atteindre plus facilement les voies de la femelle.

Le spermatozoïde humain, lui, mesure 0,06 millimètre. Celui de la baleine, qui n'atteint qu'un dixième de millimètre, est bien plus petit que celui de la souris, et encore plus minus que celui de la mouche !

BÊTES DE SEXE **QUELS ORGANES !**

La drosophile pèse 0,54 mg en moyenne.

Chaque testicule de ce cétacé pèse quelque 500 kg : c'est le record du monde animal.

← Même échelle →

Spermatozoïde baleine franche (environ 0,1 mm)

Spermatozoïde de mouche drosophile (58 mm)

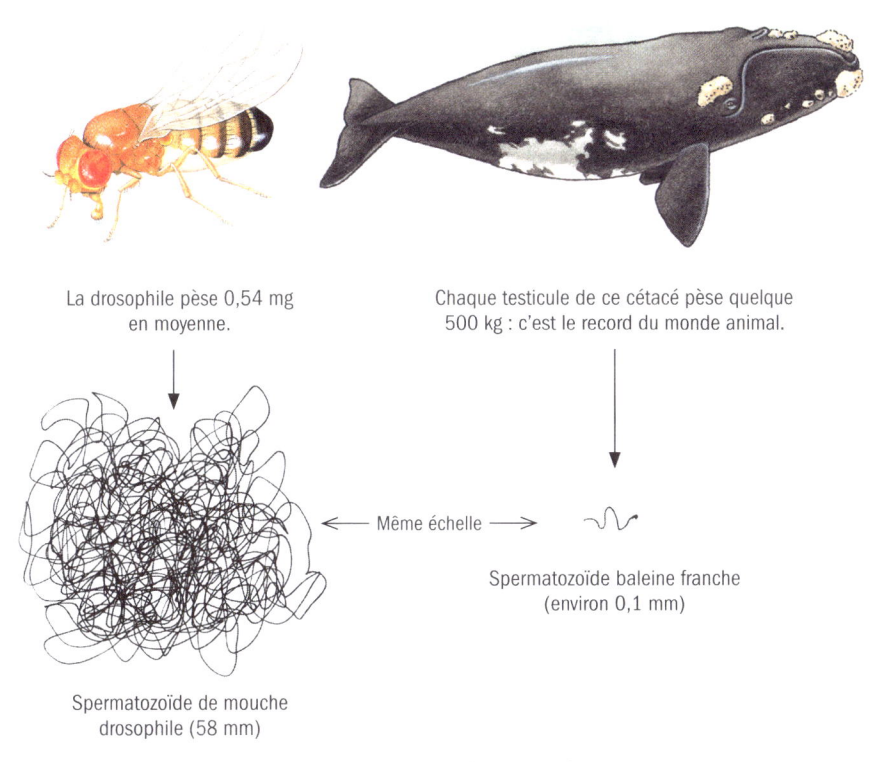

Le plus long spermatozoïde du monde.

LE MYSTÈRE DE L'ÉJACULATION FÉMININE

L'éjaculation féminine ne se produit pas chez toutes les femmes. Donc rassurez-vous, mesdames : si vous n'éjaculez pas, cela n'est pas un problème, et encore moins un échec.

Ce phénomène consiste en l'émission abondante d'un liquide dont la composition est proche de l'urine sans en être vraiment. Aujourd'hui encore, l'éjaculation féminine fait débat chez les sexologues. Certains pensent que son origine vient de la stimulation de l'urètre durant la pénétration, d'autres voient plutôt l'explication dans les sécrétions des glandes de Skene, qui sont un reliquat de la prostate des hommes.

Quoi qu'il en soit, ce liquide mystérieux, qui porte également le joli nom de nectar des dieux, mérite que la science s'y penche de plus près, pour que puissent jouir toutes les femmes, fontaines ou non.

« *Faire l'amour est un plaisir, un appétit,
un besoin, un amusement, et non pas un devoir.* »

Ninon DE LENCLOS

« *Il n'y a pas de mal à se faire du bien,
et faire l'amour est un passe-temps agréable.* »

Philippe BESSON

Accouplement face à face de dauphins communs.

PASSAGE À L'ACTE

Nous avons suivi les animaux, humains et non humains, dans leurs appels amoureux, leurs parades nuptiales, dans le rapprochement des partenaires, et décrit leurs différents organes génitaux. Vient maintenant le moment unique, magique et universel de la fusion des corps. Comment s'unissent les différentes espèces, combien de temps et à quelle fréquence ? L'amour prend parfois des allures acrobatiques… Voici le *Kâma-Sûtra* des animaux. Y compris le nôtre.

FRÉQUENCES ET DURÉES

La plupart des animaux ne s'accouplent que rarement, voire jamais pour quelques malchanceux. Chez les mammifères en général, les femelles ne sont disposées aux affaires de sexe que pendant les périodes de chaleurs, ou œstrus. Pour ces espèces comme pour les oiseaux, les poissons ou les insectes, il existe un moment de reproduction bien précis. Le reste de l'année, on pense à autre chose, surtout dans les pays aux climats tempérés, où les saisons sont bien marquées. Ce n'est pas tous les jours la fête… sauf pour quelques cas comme les dauphins, les humains et les bonobos, un poil plus frénétiques que la moyenne.

BASSES ET HAUTES FRÉQUENCES

Beaucoup de femelles vivent séparées des mâles matures, qu'elles ne rencontrent qu'à la période du rut. Chez de nombreux mammifères herbivores, comme les cerfs ou les éléphants, mais aussi chez des oiseaux comme les fous, les gars vivent dans des clubs de célibataires. Ils ont quitté leur maman et sont mûrs sexuellement, mais encore trop jeunes pour accéder aux filles, car les vieux mâles expérimentés et puissants occupent le terrain. Il faut alors conquérir des partenaires, c'est l'occasion d'affrontements virils, après lesquels seuls les vainqueurs se reproduiront, de surcroît avec tout un harem, par exemple dans le cas du brame. Quelques anciens cèderont la place à des jeunes pleins de vigueur. Pour les vieux déchus, la fête est finie, pour les jeunes qui ont perdu, ce sera ceinture jusqu'à l'année suivante… si tout va bien.

Chez les éléphants, les occasions de s'accoupler sont encore plus rares. Pour commencer, les femelles ont la période de gestation la plus longue des mammifères : 22 mois, soit presque 2 ans ! De plus, elles allaitent leur petit pendant environ 4 ans, ce qui ne les pousse pas à la gaudriole. Ça nous fait une moyenne de 5 ans d'attente pour un nouvel accouplement ! Les chimpanzés mâles peuvent parfois éjaculer 1 fois par heure, mais le record observé chez des primates appartient à un macaque à face rouge (*Macaca arctoides*), avec 59 accouplements en 6 heures, au cours desquels il éjaculait systématiquement.

Chez les primates humains, le sexe est théoriquement possible H24 toute l'année, car les périodes d'œstrus n'existent pas vraiment chez les femmes, même si certaines se sentent plus facilement portées à l'amour à certaines périodes de leurs cycles (voir p. 110). La conséquence positive en est beaucoup de plaisir pour l'espèce humaine, mais en négatif une prolifération sur la planète dont les conséquences sont dévastatrices pour toutes les autres…

LES ACCOUPLEMENTS LES PLUS LONGS

La lionne (*Panthera leo*) est en chaleur quasiment chaque mois de l'année pendant 3 à 4 jours si elle n'est ni gestante ni allaitante. Les saillies ne durent que 20 secondes, mais elle en demande une chaque quart d'heure, de jour comme de nuit !

BÊTES DE SEXE **PASSAGE À L'ACTE**

> **LA NOTE DE LA SEXOLOGUE**
>
> **QUELQUES STATS**
> La fréquence réelle des rapports sexuels des humains est très variable et suit très souvent, dans les couples hétérosexuels, les courbes ovulatoires. Chez les couples lesbiens en âge de procréer, les cycles finissent souvent par se synchroniser, et les relations sexuelles peuvent se dérouler de manière assez harmonieuse suivant les courbes hormonales de chacune. Quant aux couples gays masculins, la sécrétion de testostérone étant continue, les relations sexuelles n'ont pas d'autre limite que le désir psychique. Le désir c'est d'ailleurs surtout dans la tête : pour preuve, les femmes sans cycle ou ménopausées continuent d'avoir du désir. L'état physique, affectif et mental influe donc énormément sur la fréquence des relations sexuelles. Un fait amusant est à relever : les hommes en couple hétéro déclarent faire l'amour beaucoup plus souvent que les femmes. Que valent alors ces stats ? En cabinet, les patients interrogés semblent plus honnêtes sur leurs habitudes sexuelles, puisque les hommes et les femmes avant 40 ans ont une moyenne de deux rapports sexuels par semaine, puis d'un seul passé cet âge, quel que soient le genre ou l'orientation sexuelle.

Plus petit en taille mais moins rapide que le lion, le putois (*Mustela putorius*) fait durer le coït pendant plusieurs heures. Les escargots petit-gris (*Helix aspersa*), après des tâtonnements sensuels de 20 à 50 minutes, s'étreignent pendant une dizaine d'heures.
Les crotales (*Crotalinae*), quant à eux, restent emboîtés plus de 20 heures. Parmi les records de durée, on trouve des phasmes, et en particulier *Necroscia sparaxes*. Ces insectes discrets ressemblent à des brindilles, et risquent peu d'être dérangés par des prédateurs. Le mâle reste dans la femelle même après avoir éjaculé, et pendant longtemps : le record homologué est de 79 jours !
Un exploit qui n'est sans doute pas accompli que pour le plaisir : en restant « sur place », le mâle fait barrage à tout éventuel rival et s'assure de la transmission de ses gènes.

93

Même genre de record chez un petit amphibien des montagnes colombiennes, le crapaud harlequin de Santa Marta (*Atelopus laetissimus*), qui reste accroché à la femelle sans se nourrir pendant 135 jours, soit 5 mois. Il s'agit d'un amplexus et non d'un accouplement avec pénétration (voir p. 20), qui se rapproche plus du gardiennage. Il participe à la sélection intrasexuelle, qui favorise les mâles les plus résistants, et qui ont le bras long[1]...

L'ÉJACULATION PRÉCOCE, C'EST NATUREL !

En dehors de ces quelques cas, le coït est généralement rapide dans la nature, et pas seulement chez les lapins. En effet, l'emboîtement amoureux met les partenaires en situation de vulnérabilité. Du coup, quasiment tous les mammifères pouvant être des proies ont des relations sexuelles très brèves. Même les prédateurs doivent rester sur leurs gardes pour surveiller leur territoire, les occasions de chasse ou les vols de proie, c'est pourquoi leurs copulations aussi sont courtes. Ainsi, les mâles sont en général programmés pour éjaculer rapidement.

De plus, le plaisir peut lui aussi mettre dans une situation fâcheuse. C'est le cas de petits oiseaux d'Afrique, les tisserins (*Ploceidae*) : l'approche de l'orgasme leur fait perdre leur vigilance, et après l'accouplement, ils sont secoués de spasmes.

Et nos amis les humains ? En chronométrant 500 couples de pays différents, des scientifiques de l'université d'Utrecht ont trouvé une moyenne de 5 minutes et 4 secondes pour un rapport, avec des écarts allant de 30 secondes à 45 minutes. Or, les humains savent que l'éjaculation est assez rapide lorsqu'il y a une stimulation mécanique et qu'inversement, elle peut être retardée.

Une fois la menace du lion des cavernes (*Panthera spelaea*) éloignée et la sécurité assurée, les mâles de notre espèce ont été capables de contrôler leur excitation grâce à notre mode de vie social et à notre cortex élaboré. Et c'est sans doute tout cela qui leur a permis d'apporter du plaisir à leur partenaire.

---

1. Luis Alberto Rueda Solano et al., "Mate-guarding behavior in anurans: Intrasexual selection and the evolution of prolonged amplexus in the harlequin toad Atelopus laetissimus", Animal Behavior, Vol. 185, mars 2022, p. 127-142.

VERROUILLAGE SEXUEL

Paradoxe : l'accouplement doit être bref pour des raisons de sécurité, mais assez long pour assurer la fécondation. Chez des prédateurs comme les canidés, la sélection naturelle a mis au point un système de blocage organique qui oblige les deux partenaires à rester l'un dans l'autre, qu'ils le veuillent ou non. Le verrouillage sexuel du loup (*Canis lupus*) et du chien (*Canis lupus familiaris*) dure 30 minutes, celui du renard (*Vulpes vulpes*) peut dépasser une heure : le pénis du mâle gonfle, et ainsi, les partenaires se retrouvent cul à cul jusqu'à ce que les spermatozoïdes aient le temps de remonter dans l'utérus de la femelle. Pas super sécurisant quand il s'agit d'un accouplement « clandestin » chez des loups non autorisés à se reproduire hiérarchiquement, lorsqu'un ou une chef·fe débarque...

Devant un *penis captivus*, certains ont le désastreux réflexe de leur verser un seau d'eau pour les détacher, mais il faut laisser faire la nature, car une telle intervention peut blesser les animaux.

LA NOTE DE LA SEXOLOGUE

PEUT-ON RESTER COINCÉS ?

Certains fantasment sur un blocage sexuel, qui les obligerait à sortir de chez eux sur une civière, encore attachés et le rouge au front. Qu'ils se rassurent : le *penis captivus* chez des humains est médicalement contesté. Certes, les quelques cas rencontrés ressemblent beaucoup au verrouillage sexuel des canidés. Cependant, la mécanique semble différente, puisque ce sont tous les muscles du périnée féminin qui garderaient le pénis emprisonné à l'intérieur du vagin par constriction. Il est alors conseillé de détendre au maximum la musculature féminine, notamment au niveau anal, afin de libérer le malheureux captif. Un petit toucher rectal, c'est quand même plus délicat qu'un seau d'eau glacée...

LE *KÂMA-SÛTRA* ANIMALIER

On trouve dans la nature des postures d'accouplement extrêmement variées, mais chaque espèce n'en pratique généralement qu'une seule, celle qui correspond à son anatomie. En revanche, chez des primates pouvant marcher debout ou grimper aux arbres, les représentants de la même espèce peuvent s'adonner à de nombreuses positions. Plus souples encore que les humains, les bonobos décrochent certainement la palme de la voltige. Mais seul *Homo sapiens* a eu l'idée de décrire ses propres pratiques amoureuses dans un livre, un best-seller qui a franchi la barrière du temps : le *Kâma-Sûtra*.

LEVRETTE ET MISSIONNAIRE

La levrette est la position classique des quadrupèdes : la femelle se tenant à quatre pattes, le mâle se place derrière elle et la chevauche. Ce qui n'est pas propice au French kiss, à moins d'être incroyablement souple. Chez les bonobos, les femelles en œstrus ont le derrière tellement tuméfié qu'elles ont du mal à s'asseoir. Elles préfèrent la position face à face pour d'évidentes raisons pratiques, mais les mâles gardent un penchant pour la levrette. La variété des possibilités peut permettre de contenter tout le monde.

En dehors de singes comme les chimpanzés ou les bonobos, chez qui l'on observe également le baiser sur la bouche, peu d'animaux font l'amour face à face. Des insectes tels que les moustiques communs (*Culex pipiens*), des crustacés comme les homards (*Homarus* sp.) ou encore les dauphins pratiquent le ventro-ventral.

ACROBATIES AMOUREUSES

Les humains et d'autres espèces ont toujours fourmillé d'idées pour tester des postures variées dans l'acte sexuel. Les premiers pour des raisons ludiques, et les autres pour des questions pratiques. Les plus étonnants sont peut-être des insectes comme les fourmis (*Hymenoptera*), ou encore les martinets (*Apus* sp.), qui s'accouplent en vol. Les paresseux (*Folivora*) font ça au sol ou suspendus dans les airs, parfois

Les fourmis sexuées s'envoient en l'air... en l'air.

face à face. Les cétacés (*Cetacea*) semblent également s'accoupler face à face, ce qui pose problème aux énormes baleines bleues (*Balaenoptera musculus*) : les mâles, comme on l'a vu plus haut (p. 77), se font aider par leurs collègues pour trouver l'orifice de la femelle. Contrairement aux autres oiseaux, différents perroquets, comme les aras et les amazones, se positionnent côte à côte (ils se contorsionnent en levant une patte pour mettre leur cloaque en contact). L'idée de deux hérissons (*Erinaceus europaeus*) en pleins ébats soulève question, mais le mâle est doté d'un membre assez long, et la femelle rabat ses piquants lorsqu'elle est consentante.

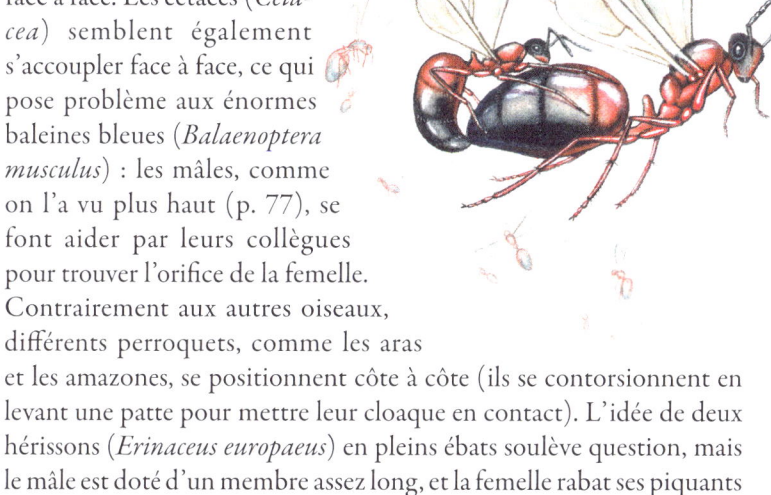

La palme d'or de l'esthétisme et de la poésie, en tout cas à nos yeux, reviendra sans doute aux libellules (*Odonata*) pour leur cœur copulatoire, qui par sa forme romantique aurait également pu inspirer l'auteur du *Kâma-Sûtra*. Cette position est due à la situation particulière des organes sexuels des deux partenaires, qui les oblige à se courber l'un vers l'autre pour jouer les jolis cœurs.

BESTIAL BEST-SELLER

Le célèbre *Kâma-Sûtra*, le livre indien sur l'amour, n'a pas pour vocation de vous muscler par ses postures, oscillant entre l'acrobatique et le ridicule. Au contraire, son nom signifie « aphorismes du désir » et il y parle d'amour avec une vraie poésie. Il donne des conseils de couple, de philosophie de l'amour et recommande la bientraitance entre époux. Véritablement respectée, la femme y tient d'ailleurs un rôle très important. Probablement écrit aux alentours des VIe et VIIe siècles, voire plus tôt, le livre de Mallanaga Vâtsyâyana décrit des postures nommées, pour certaines, en référence au monde animal : la « position du papillon », où les jambes du ou de la partenaire sont en équerre, telles les ailes du papillon. « La pieuvre », où tous les membres représentent les tentacules. La douceur y est évoquée à travers l' « étreinte du panda », mais aussi la fougue, avec la « position de la tigresse » ou celle « du lion ». L'inspiration vient également des amphibiens avec la « position de la grenouille ». Escargot, abeille, étoile de mer, gazelle, tortue, singe, aigle royal ou cheval renversé, et même le sphinx, y sont évoqués au travers de positions sophistiquées.

Si les noms des positions évoquées dans le *Kâma-Sûtra* sont très largement inspirés du règne animal, c'est probablement parce que les animaux sont des symboles forts, et que nous pensons parfois hériter un peu des pouvoirs que nous leur attribuons.

FELLATIONS ET CUNNILINGUS

Tout le *Kâma-Sûtra* semble déjà exister dans la nature, même sous l'eau. Au cours de leur reproduction, de nombreuses espèces de poissons passent par une étape buccale qui rappelle la fellation* ou le cunnilingus* (voir « Nom de nom », p. 99). Les orifices génitaux de la perche pirate (*Aphredoderus sayanus*) se situent près des ouïes. Les ovules* (voir « Nom de nom », p. 19) de la femelle sont dirigés vers sa gueule. Elle pond donc par la bouche, ce qui enclenche l'éjaculation du mâle, lui aussi dans la bouche !

Cependant, c'est avec les mammifères que ces pratiques se précisent. Une éléphante peut caresser le pénis d'un mâle en rut avec sa trompe. Plaisir de courte durée, car l'éléphant atteint l'orgasme en quelques secondes. D'autres espèces sont assez souples pour pratiquer l'autofellation ou l'autocunnilingus, des ours aux chats en passant par les chiens et certains caprins, car il ne s'agit pas toujours de toilette. En semi-captivité, on a aussi vu des ours bruns (*Ursus arctos*) gays pratiquer ensemble quotidiennement des fellations[1].

Dans 70 % des accouplements des cynoptères à nez court (*Cynopterus sphinx*), des chauves-souris frugivores, la femelle lèche le pénis du mâle

---

1. Agnieszka Sergiel et al., « Fellatio in Captive Brown Bears : Evidence of Long-Term Effects of Suckling Deprivation », Wiley Periodicals, Inc., 2014.

BÊTES DE SEXE **PASSAGE À L'ACTE**

Quelle est la fonction exacte de la fellation pour ces chauves-souris ?

alors qu'il l'a déjà un peu pénétrée, ce qui implique une longue langue et une belle souplesse. On n'a pas d'explication définitive sur le phénomène. Une autre espèce de chauves-souris, la roussette géante de l'Inde (*Pteropus giganteus*), pratique quant à elle le cunnilingus. À la base de cette découverte, une vidéo prise dans un laboratoire en 2013 a été virale sur le Net. Les mâles offrent à chaque fois deux petites gâteries : une avant et une après la pénétration. S'agit-il de plaisir ? Là aussi, l'explication définitive n'a pas été apportée, mais les mâles y gagneraient 12 secondes de jeu supplémentaires, d'après les chercheurs qui observent très attentivement la chose.

Les dauphins, toujours très inventifs, pratiquent tout ce que leur permet leur anatomie, y compris l'introduction du bout du rostre (le museau) dans la fente génitale du copain ou de la copine (voir p. 42 et 74). Le duo peut nager quelque temps dans cette position apparemment très appréciable.

Quant à nos champions les bonobos, comme on peut s'y attendre, ils pratiquent couramment des fellations et des cunnilingus sans aucun tabou, entre sexes semblables ou différents, et à tous les âges. La fellation

═══════════════ **NOM DE NOM** ═══════════════

Vous avez dit « cunnilingus » ?
Le sexe féminin, *cunnus* en latin, a donné le mot « con ». *Cunnus* est également à l'origine du mot **cunnilingus**, proche de *cuniculus*, « le lapin ». On a longtemps comparé le pubis féminin à un museau de lapin ou de chat, ce qui est probablement à l'origine de mots comme « chatte » ou « minou », *pussy* en anglais. *Fellatia* désigne des divinités antiques qui faisaient des petites gâteries aux bergers.

est particulièrement fréquente entre jeunes mâles. Les chauves-souris, dauphins et bien d'autres nous le démontrent une fois de plus : les humains n'ont rien inventé !

L'ANAL, PAS MORAL ?

L'anus est une zone érogène comme une autre, mais il ne s'est pas fait une réputation très glamour. Sujet tabou par excellence, la sodomie quant à elle n'en demeure pas moins une pratique courante, dans la nature tout comme dans la sexualité humaine. La monte avec pénétration anale est souvent interprétée comme une posture de domination chez les animaux, notamment chez les chiens (voir « Sodomination », p. 147), mais il existe aussi des pratiques de sodomie pour le jeu sexuel, comme chez les dauphins et, bien sûr, chez nos amis les bonobos.

FEUILLE DE ROSE

L'anulingus, ou feuille de rose, consiste à lécher l'anus de sa ou son partenaire. Il serait couramment pratiqué par 2 à 3 % de la population, et occasionnellement par plus de 20 % des hommes et des femmes, hétéros comme homosexuels. L'anus comporte de nombreuses terminaisons nerveuses à l'origine de sensations agréables. En fait, le plaisir procuré par la stimulation de cet orifice vient beaucoup de la valeur érogène qu'on lui accorde. Plus cette partie sera investie comme zone érogène, plus l'excitation sera intense et pourra conduire à la jouissance. Au fait, pourquoi cette ancienne expression « feuille de rose » ou « bouton de rose » ? Parce que la dilatation de l'anus fait songer aux pétales de la fleur qui s'ouvre. Nos ancêtres étaient des poètes.

INTRODUCTIONS ANALES ET PAS BANALES

Les comportements homosexuels et surtout bisexuels sont fréquents dans la nature (voir p. 160). Lorsqu'ils concernent des mâles munis d'un organe d'intromission, ils peuvent entraîner des actions de sodomie. C'est particulièrement le cas chez les dauphins, car leur pénis est à la fois un organe d'exploration de l'environnement et d'activités sexuelles. Les relations deviennent donc vite érotiques avec ces mammifères, dont les pratiques sont extrêmement ludiques et variées. Les jeunes mâles de grands dauphins (*Tursiops truncatus*) commencent généralement leur vie en couple homosexuel, s'entraînant peut-être aux jeux de l'amour en attendant d'aborder des femelles. Grands adeptes de la masturbation, ils frottent leur pénis l'un contre l'autre, pénètrent le copain dans l'anus et même dans l'évent, cet orifice situé sur la nuque qui est en fait leur narine. Chez les dauphins, « avoir quelqu'un dans le nez », ça signifie quelque chose ! Quant aux bonobos, qui révisent régulièrement tout le *Kâma-Sûtra*, inutile de préciser que la sodomie fait partie de leurs relations, qu'elles soient homos ou hétérosexuelles.

MÉTRO, BOULOT, SODO

Dans l'Antiquité, les mœurs sexuelles étaient plus libérées que de nos jours. En effet, l'homosexualité, la bisexualité et les rencontres orgiaques avaient placé le plaisir sous toutes ses formes au centre de la vie intime. Comme chez les autres animaux, la sodomie chez les humains faisait également partie des relations sociales. Elle pouvait être un geste de politesse chez les Aztèques ou les Romains, un peu comme on se serre la main pour se saluer (mais en plus intime). Chez ces derniers, il était d'usage de sodomiser les esclaves, mais le contraire était un tabou absolu.

Puis la morale a fini par s'en mêler et décrier la pénétration anale comme étant l'œuvre de dépravés : les sodomites ! Le mot « sodomie » vient de Sodome, la ville aux multiples péchés qui, selon la Bible, fut détruite par la colère divine à cause de son immoralité. L'anal, pas moral ? Aujourd'hui, plus de 57 % des Français pratiqueraient le sexe anal chaque semaine, et n'ont visiblement rien à faire de ces considérations morales.

> **LA NOTE DE LA SEXOLOGUE**
>
> **LA SODOMIE PROCURE-T-ELLE DU PLAISIR ?**
>
> Ça dépend à qui ! Du côté féminin, la sodomie c'est quitte ou double. Pour faire simple, il y a rarement d'entre-deux : certaines femmes aiment ; d'autres détestent, en éprouvent une sensation gênante, voire douloureuse. Du côté masculin, les hommes éprouvent souvent un plaisir important lors de la stimulation de la prostate, qui s'obtient par une pénétration anale. Messieurs les hétéros, sachez que ces sensations voluptueuses sont valables pour tous les hommes, la voie est ouverte !
> Il faut dire que l'anus peut être vu comme une zone interdite, voire un tabou, du fait de son rôle d'évacuation de déchets pas très glamour. Mais briser un tabou peut être particulièrement excitant, tant pour ceux qui pénètrent que pour ceux qui reçoivent. Si l'orifice anal fait tant fantasmer, c'est qu'il s'y cache de nombreuses terminaisons nerveuses (plus que dans le vagin, mais moins que sur le clitoris ou le pénis). Si l'on investit sexuellement cette zone, elle deviendra alors un lieu de plaisir tout aussi important que le clitoris, le pénis ou le vagin pour d'autres.

LES PLAISIRS SOLITAIRES

MÊME LES MANCHOTS SE MASTURBENT

La recherche de plaisir peut s'accomplir sans d'autre but que le plaisir lui-même. De nombreuses espèces animales sont connues pour se masturber, et chacune opère avec ses moyens anatomiques. Proches de nous, les singes se servent de leurs mains. Dépourvus de ces pinces organiques, des oiseaux ou des dauphins frottent tout simplement leurs parties génitales contre des reliefs de leur environnement. Ainsi font des juments contre des obstacles, alors que les chevaux font rebondir leur membre en érection contre leur ventre. Et quand c'est bon, on y revient : un colibri qui aura trouvé une feuille de la forme qui convient à son anatomie reviendra régulièrement s'y frotter.

Plusieurs espèces utilisent des outils comme *sex-toys*.
À Bali, des macaques crabiers (*Macaca fascicularis*) se donnent du plaisir avec des pierres, mais il s'agit essentiellement de mâles. Plus inhabituel : des femelles de macaques du Japon (*Macaca fuscata*) ont été filmées en train de se masturber sur des cerfs sika (*Cervus nippon*) à coups de mouvements pelviens énergiques, ce qui les soulagerait de leurs frustrations sexuelles en période de chaleurs. Ces scènes de rodéo alternent avec des soins interspécifiques : les guenons toilettent et bichonnent leur jouet sexuel. En réalité, la masturbation n'est pas toujours solitaire, pour les autres espèces comme pour la nôtre.
Des orangs-outans (*Pongo* sp.), mâles comme femelles, se fabriquent des *sex-toys* avec des fruits, des feuilles, des lianes ou des bâtons : la motivation stimule l'imagination. De là à penser que nos ancêtres ont perfectionné les outils à des fins masturbatoires...

POUPÉES GONFLABLES, DU VINTAGE AU HIGH-TECH

Avec l'espèce humaine, particulièrement habile dans la fabrication d'outils, la recherche de plaisir prend des aspects techniques.

Les premiers ersatz féminins à usage copulatoire n'étaient autres que des tas de chiffons arrangés pour imiter l'apparence d'une femme. Au XVIIe siècle, les marins l'appelaient « dame de voyage ». Quant à la première poupée gonflable, elle fut le corollaire de l'invention du caoutchouc et était déjà assez élaborée, car un lubrifiant était intégré dans le vagin de plastique via un système pneumatique délivrant de l'huile.

Aujourd'hui, on peut se procurer, moyennant un budget très conséquent, des *living dolls* ou des *sex dolls* reproduisant en silicone une apparence toujours assez approximative du vivant. Leurs utilisateurs jouent à la poupée grandeur nature, souvent coquine, la prénommant, lui ajoutant des accessoires, la coiffant, l'habillant et ayant de véritables conversations avec elles. Ces poupées se déclinent en plusieurs genres, customisables à loisir, avec des couleurs de peau parfois très fantaisistes. Elles sont dotées d'organes génitaux et de torses interchangeables, ce qui peut mélanger les attributs sexuels pour plaire à tous et à toutes.

SEX-TOYS SPIRITUELS ?

L'historien coquin aime à dire que l'invention du godemichet daterait de 28 000 ans av. J.-C. Mais la datation des premiers *sex-toys* est difficile à affirmer avec certitude, pour les plus anciens, car leurs fonctions pouvaient également être religieuses, spirituelles ou liées à la fécondation. Ces sculptures représentaient des pénis, plus ou moins épais, plus ou moins longs, avec ou sans prépuce, parfois ornés et gravés. Elles étaient réalisées en bois, en os ou en matière minérale, ce qui rendait leur usage sexuel possible, mais pas évident.

Dans l'ère freudienne, des médecins et des psychanalystes ont considéré qu'ils pouvaient soigner l'hystérie par la stimulation des organes génitaux féminins. Les masseurs vulvaires à moulinet mécanique faisaient partie, à cette époque, de l'équipement médical, et n'étaient destinés qu'à cet usage. Bien qu'une telle thérapie ait des effets discutables, tant déontologiquement que sur le plan de l'efficacité, nous pouvons dire que tous ces médecins et psychanalystes ont, un temps durant, masturbé des femmes dans leur cabinet ! Au final, leur paresse les a conduits à automatiser le processus, et c'est dans ce drôle de contexte qu'est né le vibromasseur.

Double pénis : cette sculpture à deux phallus datant d'il y a environ 13 000 ans était-elle un *sex-toy* ? Elle a été découverte en 1887 dans une grotte du vallon de Gorge d'Enfer, aux Eyzies, en Dordogne.

NOM DE NOM

Un olisbos et au lit !
Pour changer du mot « godemichet », nous vous proposons l'emploi du terme **olisbos**. Du grec ancien signifiant « phallus en cuir », il avait, dans le Japon du VIIe siècle, le rôle de compagnon sexuel pour les épouses dont le mari s'était absenté. À ce jour, le mot « olisbos » est toujours peu usité.

SEX-TOYS NOUVELLE GÉNÉRATION

L'émancipation des femmes, et plus particulièrement la revendication du droit au plaisir, ont joué un rôle prépondérant dans l'industrie du sexe pour tous les genres. Notre meilleure connaissance de l'anatomie vulvaire a également fait apparaître des stimulateurs clitoridiens très ingénieux, mêlant aspiration et vibration, tandis que d'autres allient mouvements oscillatoires, tapotements ou frictions à une intensité et un rythme choisis par l'utilisatrice.

Les femmes d'aujourd'hui peuvent également posséder des godes pénétrants très sophistiqués, réalistes ou créatifs, et même les porter en ceinture pour pénétrer leur partenaire, féminin comme masculin.

Les jouets sexuels, s'ils conservent pour certains un usage personnel, peuvent également se moduler en *sex-toys* pour couples. Aujourd'hui, ces derniers peuvent être connectés pour faire vibrer de plaisir votre partenaire à l'autre bout du monde par une simple interface électronique. Orgasme numérique certes, mais orgasme sans frontière !

Les hommes bénéficient quant à eux de la découverte du plaisir prostatique avec des stimulateurs soit mécaniques, soit automatiques que l'on introduit par l'anus, comme c'est le cas également des plugs, utilisables par les deux sexes. Il en existe des modèles portables toute la journée, ou d'autres agrémentés d'une queue de lapin ou d'un strass de belle taille. Enfin, les masturbateurs automatiques existent aussi pour les hommes. Afin de réduire au minimum l'encombrement qu'une poupée en silicone peut générer, la version économique ne conserve que l'orifice intéressant l'utilisateur. Ces objets sont très souvent mécaniques et ont de jolis noms comme « fleshlight », un jeu de mots avec *flashlight*, qui signifie « lampe de poche », et dont ils possèdent l'aspect extérieur, mais dont l'intérieur reproduit la chair, *flesh*.

« Ce n'est pas de baiser qui compte, c'est d'avoir du désir. »

Marguerite DURAS

« Quand on parle de plaisir, il n'y a aucune étanchéité entre le corps et l'esprit, entre le dedans et le dehors. Il n'y a aucune compartimentalisation qui tienne.. »

Maïa MAZAURETTE

Quand deux bonobos s'embrassent, leur cerveau s'embrase.

LE CERVEAU, PREMIER ORGANE SEXUEL

L'amour ne se passe pas qu'en dessous de la ceinture, fort heureusement. C'est bien plus haut, au niveau du cerveau, que démarre l'excitation sexuelle : le sexe, c'est d'abord dans la tête ! Considérer que le cerveau se place en première ligne des organes impliqués dans la sexualité nous autorise à réfuter les préjugés les plus primaires et nous ouvre des horizons.

Tout aussi invisibles et subtiles, les hormones* (voir « Nom de nom », p. 37) jouent également un grand rôle dans la chimie de l'amour et dans les cycles sexuels des espèces, y compris la nôtre évidemment.

L'INFLUENCE DES HORMONES

ÇA LEUR TAPE SUR LE SYSTÈME

Les animaux suivent des cycles, des périodes de rut dictées par l'environnement (lumière, température, période de l'année), mais sous l'égide des hormones*. Quand il est soumis à ces substances, un papillon devient fertile et attirant pour l'autre sexe. Humains ou non humains, nous sommes tous des « sacs d'hormones » !

Lorsque des oiseaux mâles chantent au printemps, par exemple, leur comportement reproducteur trouve sa source dans le changement de saison. Il est traité par deux petites zones situées au cœur du cerveau :

l'hypothalamus et l'hypophyse. L'augmentation de l'ensoleillement perçu par les yeux des volatiles stimule d'abord leur hypothalamus, qui commande à la glande hypophyse la sécrétion d'hormones sexuelles, poussant les mâles à chanter pour séduire les femelles.

Le même phénomène se produit à l'automne pour le brame des cerfs, mais là c'est la diminution de la lumière qui en est le stimulus. D'ailleurs, les animaux européens qui ont été introduits en Australie, dans l'hémisphère Sud, ont changé leur calendrier hormonal et se sont adaptés à l'inversion des saisons.

Chez les femelles, ce sont aussi les hormones qui pilotent le cycle des chaleurs. L'activité sexuelle de la plupart des animaux est cyclique, soumise aux changements extérieurs, comme les saisons ou la quantité de nourriture disponible, qui eux-mêmes enclenchent des bouleversements hormonaux internes.

Les hormones influencent le comportement de chaque sexe, et même indirectement celui de l'entourage. Quand on a injecté des androgènes (voir « Des hormones mâles pour tous », p. 110) à des juments, celles-ci ont alors eu des comportements de monte avec des mouvements de bassin. Leur statut social a changé, et les autres juments se comportaient avec elles comme si elles étaient des étalons[1]. Précisons que ce ne sont pas directement les hormones qui changent l'attitude des autres, mais bien le comportement des juments hormonées.

LA MÉTAMORPHOSE DE L'ADOLESCENCE

Toutes les espèces animales arrivent à la maturité sexuelle sous l'influence d'un subtil jeu d'hormones et d'influences extérieures. La longue adolescence telle que les humains la connaissent est réservée à des espèces sociales ayant besoin d'apprentissage auprès des adultes. Pour la plupart des animaux, le passage est assez rapide entre l'état juvénile et la maturité sexuelle. Le stade subadulte s'observe notamment chez les oiseaux : ces derniers ne sont plus des poussins, ils ont déjà la taille adulte, mais pas encore le plumage ni le statut social des individus en état de se reproduire. Il en est ainsi de ces gros goélands encore tout

---

1. Michel-Antoine Leblanc, Marie-France Bouissou et Frédéric Chéhu, Cheval qui es-tu ?, op. cit.

mouchetés que l'on observe sur les plages : ils ne portent pas encore le costume blanc et gris uni des individus parvenus à complète maturité. Les jeunes *Homo sapiens* en pleine croissance sont tout autant influencés par les hormones. La poussée hormonale, pour les deux sexes, va transformer leur anatomie infantile en organisme mature. La pilosité recouvre le pubis et les aisselles, s'épaissit sur les bras et les jambes. Le duvet masculin se transforme progressivement en barbe. Les garçons arborent aussi une toison sur leur poitrail qui se muscle, comme le reste de leur corps.

La cage thoracique des filles change aussi et permet aux glandes mammaires de se développer. Leurs petites lèvres s'allongent, la muqueuse utérine commence à pousser et les cycles menstruels, d'abord anarchiques, vont se réguler.

Les garçons découvrent que leurs érections sont surtout assujetties à l'excitation sexuelle. Le pénis se développe. Lors de stimulations mécaniques et même mentales, le sperme désormais présent peut être expulsé.

Les filles comme les garçons ont les cordes vocales qui s'allongent, ce qui permet la mue. Une octave de moins pour les hommes et une petite tierce chez les filles : adieu les voix d'enfant.

Le visage évolue et les traits deviennent plus adultes, la peau s'épaissit. Elle devient plus grasse sous l'effet de l'afflux hormonal, ce qui provoque de l'acné juvénile. Mais souvenons-nous de la belle histoire du vilain petit canard qui se transforme en cygne majestueux.

MÛRS, VRAIMENT ?

Le principal outil cérébral dévolu à la gestion des émotions est le cortex frontal, qui se situe, comme son nom l'indique, au niveau du front. Influencé lui aussi par les hormones, c'est un grand fainéant à la croissance lente. Pour des raisons de bipédie et de largeur du bassin, nous naissons avec un cerveau petit, ce qui facilite la mise au monde, mais très immature. Notre cortex frontal ne sera achevé qu'à l'âge de 20 ans pour les femmes, et 25 ans pour les hommes. Cela explique très certainement que nous soyons à cette époque de notre vie une cocotte-minute sous pression.

BON À SAVOIR

Des hormones mâles pour tous
Au cours de leur vie, les femmes elles aussi sécrètent des hormones* (voir « Nom de nom », p. 37) masculines : les androgènes. Tout d'abord, les surrénales des deux sexes émettent une hormone androgénique, la fameuse DHEA (DéHydroÉpiAndrostérone), utilisée en médecine esthétique pour tenter de lutter contre les signes de l'âge. Ensuite, les ovaires produisent également des hormones masculines. Leur rôle est prépondérant à la puberté pour le développement des caractères sexuels secondaires et pour le maintien du désir sexuel.

LES RÈGLES, UNE EXCEPTION À LA RÈGLE ?

Chez de nombreuses espèces animales, des insectes aux mammifères, les femelles ne sont en chaleur qu'une fois dans l'année, à la saison de reproduction. Leurs cycles sont très différents de ceux des femmes et de quelques groupes, comme les grands singes, les chauves-souris ou les macroscélidés (voir p. 73), qui voient les leurs ponctués par les règles. Pour dire les choses simplement, les règles sont l'expulsion de la muqueuse utérine qui n'a pas servi de support pour l'implantation d'un embryon faute de fécondation. Elles signent la fin d'un cycle. Et le redémarrage d'un nouveau.

Le cycle des femelles ayant des règles est constitué de deux phases séparées par l'ovulation, dont le pic correspond au sommet de la fertilité. Des observations sur des guenons révèlent un comportement particulier durant cette période de leur cycle. Les femelles de chimpanzés se promènent parfois avec des accoutrements décoratifs tels que des lianes ou des plumes, avec une attitude très satisfaite, limite m'as-tu-vu. Les critères esthétiques de cette coquetterie peuvent nous sembler discutables : des guenons se sont affublées d'une souris morte, ou se sont fait un collier avec des tripes d'antilope ! Ces *fashion victims* version sauvage font des émules, le phénomène pouvant s'étendre à d'autres membres du groupe jusqu'à devenir une mode. On a ainsi vu toute une bande de chimpanzés se pavaner avec un brin d'herbe dans l'oreille comme pendentif.

Au sein de notre espèce, les femmes connaissent un pic de libido autour du 14e jour du cycle, moment de l'ovulation. Plusieurs tests, notamment sur des étudiantes américaines, ont d'ailleurs montré qu'elles

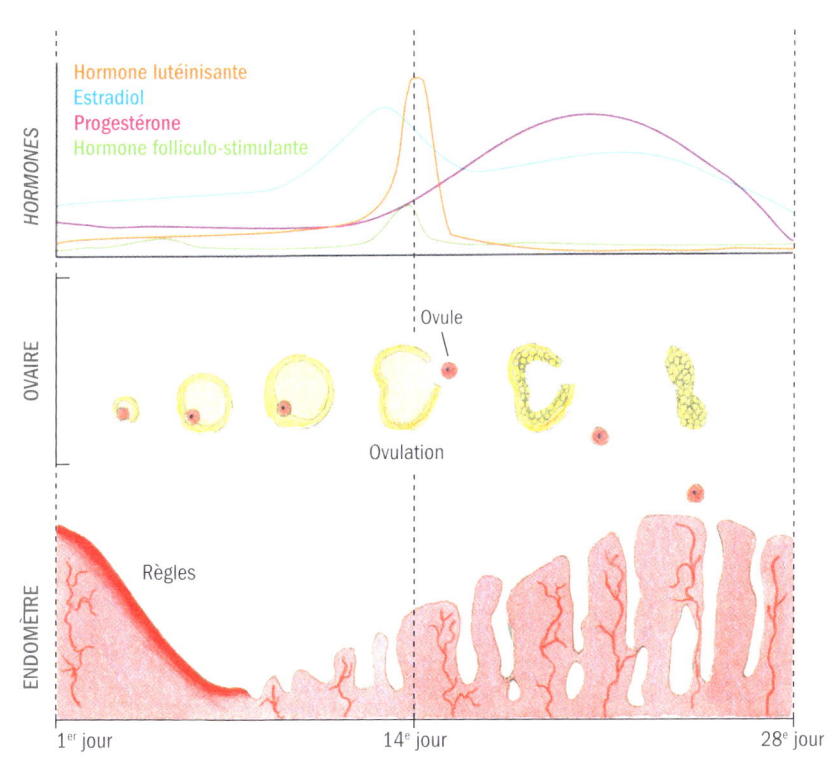

Le cycle menstruel et ses hormones. S'il y a fécondation, l'ovule va s'implanter sur l'endomètre (illlustration d'Annabelle Pongratz).

avaient tendance à se faire plus coquettes pendant cette période de leur cycle[1]. Mais chez les humains, la libido n'est pas qu'une affaire d'hormones : certaines femmes décrivent au contraire une forte augmentation de leur libido durant leurs règles, car elles sont sûres de ne pas tomber enceintes durant cette autre période de leur cycle.
D'autres femmes encore répondent davantage à des stimuli extérieurs, comme le fait de voir le désir dans les yeux de leur partenaire, indépendamment de leur état hormonal. Fort heureusement d'ailleurs, car les femmes prenant une contraception hormonale auraient de sérieuses difficultés à éprouver du désir !

---
1. *Karl Grammer et al. (2005), Martie Haselton et al. (2007).*

Chez les mâles, le fonctionnement est différent. Ils produisent de la testostérone en continu et fabriquent des spermatozoïdes toute leur vie. Les mâles se masturbent plus souvent que les femelles et sont toujours prêts à s'accoupler. Cela se constate chez les humains : le désir des hommes est plus constant que celui des femmes, car très peu sujet à des variations hormonales.

> **LA NOTE DU NATURALISTE**
>
> **UN MÂLE QUI A DES RÈGLES ?**
> Un mâle connaît l'équivalent des règles : il s'agit de la crevette blanche du Pacifique (*Litopenaeus vannamei*). Ce crustacé produit son sperme dans deux réserves. Avec le temps, ses spermatophores* durcissent et deviennent trop solides pour circuler. Les cellules du sperme atteignent donc une date d'expiration au-delà de laquelle le mâle devient stérile. Il perd ses spermatophores durs pendant la mue bimensuelle, et le jour suivant le sperme frais est de retour. Monsieur Crevette évacue cycliquement son matériel reproducteur, ce qui est comparable aux règles des primates.

LES FAUSSES RÈGLES ANIMALES

D'autres espèces pourraient laisser croire qu'elles ont des règles, comme les chiennes, car elles ont des saignements, plus ou moins discrets selon les races. Mais ceux-ci fonctionnent à l'inverse des règles des humaines, puisqu'ils ont lieu pendant la période d'ovulation. Le cycle sexuel des canidés est en effet très différent, car il s'articule autour des chaleurs, qui durent en moyenne 3 semaines, période à laquelle succède une pause, appelée « anœstrus », généralement longue de 7 mois, mais pouvant aller jusqu'à 13 mois, que la chienne soit enceinte ou non.
Les pertes de sang durant les chaleurs ne sont donc pas des règles. Liée au gonflement vulvaire, cette émission vaginale permet de faciliter la pénétration et l'efficacité de l'accouplement.
Chez la chatte, le fonctionnement est assez identique à celui de la chienne, avec une petite particularité qui rend ces félins extrêmement prolifiques. L'ovulation est provoquée par la saillie, ce qui signifie que non seulement la chatte peut avoir simultanément des chatons de

BÊTES DE SEXE **LE CERVEAU, PREMIER ORGANE SEXUEL**

> **LA NOTE DU NATURALISTE**
>
> **LES PONTES DES POULES SONT-ELLES DES RÈGLES ?**
> Chez nos amies les poules, la ponte est souvent prise pour un équivalent des règles. Certes, il s'agit aussi de l'expulsion d'un ovule non fécondé, mais la comparaison s'arrête là car il n'y a pas d'expulsion de muqueuse utérine ni de sang. Les œufs que nous mangeons sont donc l'équivalent exact de nos ovules. L'ovule est également la plus grosse cellule animale – on peut la voir à l'œil nu – et sa fabrication est un acte coûteux en énergie pour la femelle. C'est pourquoi les poules pondeuses ne vivent généralement pas longtemps : elles sont abattues à 3 ans, lorsqu'elles arrêtent de pondre, alors qu'elles ont une espérance de vie d'une vingtaine d'années. Naturellement, les poules âgées ne pondent plus, car la production d'hormones* femelles diminue jusqu'à disparaître, mais il ne s'agit pas ici de ménopause (voir « Des poules à crête », p. 168). Mais au fait : les animaux connaissent-ils la ménopause ? Réponse ci-dessous, dans « Indispensables grand-mères ».

pères différents, mais que chaque acte sexuel se solde par une fécondation. Devant la surcharge des refuges, nous ne saurions assez répéter combien la stérilisation de nos animaux de compagnie est importante.

INDISPENSABLES GRAND-MÈRES

En règle générale, les femelles animales restent fécondes toute leur vie. Dit plus crûment : elles restent en vie tant qu'elles sont fécondes. Impitoyablement rationnelle, la logique évolutive implique que les individus meurent habituellement quand ils ne peuvent plus assurer de descendance. Exceptionnelle, la ménopause existe néanmoins chez les humaines, mais pas uniquement, car elle a aussi été observée chez plusieurs mammifères, dont les éléphants (*Elephantidae*) et quatre cétacés (les orques *Orcinus orca*, les narvals *Monodon monoceros*, les bélugas *Delphinapterus leucas* et les globicéphales *Globicephala*).

Chez ces rares espèces, pourquoi la ménopause existe-t-elle ? Pour l'expliquer, l'anthropologue Kristen Hawkes a proposé « l'hypothèse de la grand-mère » : la survie des femelles au-delà de la période de reproduction montre un avantage évolutif incontestable. Libérée de l'éducation de ses propres petits, chaque « grand-mère » transmet aux plus jeunes des savoirs et de la sagesse. Elle n'aide pas seulement les petits, mais aussi leurs jeunes mères inexpérimentées. Ces animaux sont généralement organisés en société matriarcale, ils sont intelligents, et leur développement, long et complexe, nécessite une éducation attentive.

La présence des grand-mères augmente le taux de survie des petits.

La présence des grand-mères améliore de façon quantifiable la survie des petits. Chez les éléphantes, les matriarches expérimentées permettent d'augmenter le taux de survie des petits de 50 % ! La ménopause des éléphantes est tardive, donc assez courte, mais elle se révèle nettement positive.

Chez les orques, dont la société est également matriarcale, les femelles ménopausées, riches de leur expérience, peuvent guider leur troupe

Les orques âgées connaissent la ménopause.

vers les zones de pêche et leur indiquer la période la plus propice. La présence de femelles ménopausées comporte donc un avantage dans la survie de toute l'espèce. Merci qui ? Merci Mamie !
Chez les primates, la ménopause ne semble concerner qu'*Homo sapiens* et des chimpanzés captifs. Mais la mission éducative des grand-mères humaines en est, là aussi, l'explication la plus plausible.

LA PAUSE MÉNOPAUSE

La ménopause fait suite à une évolution commencée avant même la naissance. Quand elles viennent au monde, les petites filles possèdent déjà dans les ovaires leur stock complet et définitif d'ovocytes* (voir « Nom de nom », p. 19), soit environ 300. Ceux-ci seront soit fécondés, soit expulsés entre la puberté et la ménopause. Une fois le dernier ovocyte épuisé, les cycles menstruels s'amenuisent puis deviennent inexistants, et les taux de progestérone, hormone de la gestation, diminuent fortement. Les muqueuses sont alors plus fines, moins hydratées, le désir diminue et les règles disparaissent.

Mais ce n'est pas pour autant la fin de la sexualité ! Le cerveau, cette merveilleuse mécanique neurochimique, continue de fonctionner, et le sexe maintient une fonction de plaisir et de partage. C'est pourquoi de nombreuses femmes décrivent leurs meilleurs orgasmes à partir de 40 ans et disent également qu'elles ont moins de complexes, qu'elles se sentent plus libérées l'âge arrivant.

LA PAUSE ANDROPAUSE

Contrairement à la ménopause des femmes, qui signe l'arrêt de la production d'ovocytes et la fin des cycles menstruels, l'andropause des hommes est seulement un vieillissement sexuel. Elle rend les spermatozoïdes moins compétitifs, les érections moins fréquentes et plus difficiles à obtenir. Bien qu'ils souffrent de quelques malformations, les spermatozoïdes continuent d'être produits jusqu'aux derniers jours de vie de l'individu. Un homme est donc capable de se reproduire jusqu'à sa mort, ce qui n'est pas le cas des femmes. Dans le monde animal, nous constatons également que les mâles peuvent continuer de produire des gamètes* tant qu'ils sont en vie.

LES DROGUES DU CERVEAU

CHIMIE DE L'AMOUR

Comme la plupart des espèces, les pigeons sont dépourvus de néocortex, la partie la plus récente du cerveau que possèdent les primates. Pourtant, ces champions du bécotage n'en demeurent pas moins acteurs de parades de séduction très motivées. Alors quand nous tombons amoureux, sommes-nous comparables à des pigeons roucoulants ou est-ce chez nous un acte plus réfléchi ?

Pour le savoir, on a observé ce qui se passe dans le cerveau de personnes placées dans une IRM. La vue d'un ou une inconnu·e ne déclenche chez elles aucune réaction, alors que la vision de l'être aimé active leur cerveau primaire, et plus précisément ce que l'on nomme les noyaux gris centraux. Cela signifie que ce fonctionnement est très archaïque et agit à notre insu, sans la participation intellectuelle dévolue au cortex. L'amour a très certainement ses raisons que la raison ignore !

CERVEAU HUMAIN SOUS EXTASE AMOUREUSE

Le cerveau possède ses propres hormones* appelées « neurotransmetteurs », car elles assurent la transmission des messages d'un neurone à l'autre : dopamine*, sérotonine*, ocytocine* (voir « Nom de nom », ci-contre), etc. Lors de la rencontre avec l'être convoité, le petit chimiste interne de notre cerveau nous abreuve en premier lieu de dopamine. Son rôle est de booster l'animal afin qu'il ait le courage de courtiser et de séduire. Par exemple, c'est le moment où votre grand-père s'était fait violence pour oser inviter à danser cette jolie demoiselle qui est devenue votre mamie. Au moment de la valse qui a propulsé vos aïeux dans les bras de Cupidon, Papi Jean et Mamie Augustine sont devenus une drogue l'un pour l'autre ! Augustine et Jean s'aiment et n'ont plus qu'une idée en tête : convoler en justes noces et prendre soin l'un de l'autre.

Faire l'amour, se caresser, s'embrasser permettent un déversement d'ocytocine dans le sang et nous rend fou de cet autre, devenu objet de tout notre amour. Avec le temps, la sérotonine – qui joue sur notre bien-être – chute un peu, ce qui peut expliquer les petites disputes d'Augustine et Jean sur la cuisson de la purée. Mais notre petite pharmacie cérébrale s'agite encore, car l'ocytocine reste dans la course : c'est l'hormone de l'attachement, de l'empathie, de la générosité. Contrairement à la sérotonine, ce neurotransmetteur, dont la concentration est variable, augmente avec la complicité, l'amour et la tendresse, renforçant chez les deux conjoints ce profond sentiment de sécurité et de bien-être au contact l'un de l'autre.

OCYTOCINE, MON AMOUR !

L'ocytocine est une molécule complexe sécrétée par notre cerveau au niveau de l'hypophyse. Ce centre de régulation hormonal agit comme une sorte de chef de gare indiquant quand un train doit être mis en service et quand ce dernier doit partir.

Une partie de l'ocytocine est impliquée dans le lien d'attachement, notamment social et conjugal. Elle inhibe la peur, rend les mamans prêtes à tout pour protéger leurs petits ou les pères assez téméraires pour défendre toute la famille. L'ocytocine est le maillon fort du lien entre les individus. De plus, elle est libérée lorsque nous avons un orgasme et lorsque nous recevons des caresses, renforçant ainsi le lien entre les partenaires.

NOM DE NOM

Les hormones, le désir et le plaisir

Notre cerveau, comme celui des autres espèces, nous distribue des récompenses dans quasiment tous les actes de notre vie, différentes substances de plaisir peaufinées par la sélection naturelle, et qui motivent nos comportements indispensables. Leurs surnoms habituels, mis ici entre guillemets, sont plus imagés que strictement scientifiques, car le rôle de ces hormones* (voir « Nom de nom », p. 37) est souvent complexe. La **dopamine** est « l'hormone de la récompense ». La **sérotonine** est « l'hormone de la bonne humeur ». L'**ocytocine** est « l'hormone de l'attachement ».

Dans un article fascinant[1], le docteur Rémy C. Martin-Du Pan décrit une étude comparant deux espèces de campagnols. L'une naturellement pourvue de récepteurs à l'ocytocine, l'autre non. Les animaux n'en possédant pas se révèlent de piètres parents et ont une activité sexuelle désordonnée, tandis que ceux qui en bénéficient sont monogames et élèvent conjointement leurs petits.

Cependant, cette étude a été pondérée en 2023, lorsque K.R. Berendzen et ses collaborateurs ont découvert que des campagnols (*Microtus ochrogaster*) génétiquement modifiés pour ne pas posséder de récepteurs à l'ocytocine continuaient à se montrer monogames et très attachés à leur partenaire. Ceci démontre toute l'alchimie de l'amour, car si l'ocytocine y joue souvent un rôle majeur, ce ne sont pas moins de 70 zones cérébrales qui s'activent très intensément lors de la construction du lien affectif !

Malgré les outils de pointe de la science, nous ne savons toujours pas précisément pourquoi nous tombons amoureux. Mais ce que nous savons, pour les humains comme sans doute pour bien d'autres espèces, c'est que rien ne remplace l'amour et l'attachement.

LA CHIMIE DU BAISER

FRENCH KISS

Les bonobos (*Pan paniscus*) se « roulent des pelles » sans ambiguïté. Que ce soit entre singes du même sexe ou non, quand ils s'embrassent sur la bouche, ils y mettent franchement la langue. Risquer de se faire mordre un organe aussi vulnérable est une marque de confiance. Pour le primatologue Frans de Waal[2], le French kiss trouverait son origine dans le nourrissage maternel, quand les mères singes déposent avec les lèvres des morceaux d'aliments prémâchés dans la bouche ouverte du petit. Parmi les autres explications possibles, l'échange de nourriture au

---

1. « L'ocytocine : hormone de l'amour, de la confiance et du lien conjugal et social », Revue médicale suisse, *mars 2012*.
2. Frans de Waal, Le Singe en nous, coll. « Le temps des sciences », Fayard, 2006.

cours des parades ou lors des rapports des couples déjà formés est plus en lien avec les comportements amoureux.

Avec le baiser, les humains entrent directement dans l'action. Les préliminaires, ça ne veut rien dire : ils font déjà partie du jeu sexuel, tout comme les parades nuptiales. L'entrelacement des bouches et des souffles déclenche immédiatement un embrasement cérébral généralisé. Dotées de très nombreuses terminaisons nerveuses, les lèvres occupent une grande partie de notre carte cérébrale.

Souvenez-vous d'Augustine et Jean. Lorsque Augustine et Jean se sont embrassés pour la première fois, ils ont pu échanger des informations très intimes l'un sur l'autre sans même s'en rendre compte. C'est ainsi qu'Augustine a posé un philtre magique sur les lèvres de Jean, en activant par un baiser les mêmes zones cérébrales que celles impliquées dans la dépendance à la cocaïne ! Bien entendu, Augustine est elle aussi instantanément tombée sous le charme.

Le baiser fait agir 29 muscles, dont 17 pour la langue, et les lèvres ont 100 fois plus de capteurs que les doigts : c'est à la fois un exercice sportif et une fête sensitive. Au cours d'un baiser, le cortisol – hormone du stress – diminue, et l'ocytocine s'en donne à cœur joie, avec la libération concomitante de dopamine. Voici pourquoi les amoureux ne se lasseront pas avant longtemps de ces longs baisers tendres.

SYMBOLIQUE DU BAISER

La symbolique du baiser varie énormément d'un pays à l'autre. Si la version profonde se pratique assez facilement en France, où les langues n'ont pas peur de s'entremêler pour littéralement « goûter l'autre », il n'en est pas de même partout dans le monde. Par exemple, cette pratique semble inconnue de tous les peuples indigènes d'Amérique centrale. Certaines populations d'Afrique centrale auraient même été particulièrement dégoûtées en observant des Occidentaux s'embrasser sur la bouche, geste qui ne leur a pas semblé faire partie d'un rituel amoureux. Pour les Tonga du Mozambique, c'est un acte bestial et plutôt répugnant.

Saviez-vous que le baiser en public n'était pas autorisé en Chine ? Catégorisé comme vulgaire, il n'est pratiqué que dans l'intimité et tous les couples ne l'adoptent pas. En même temps, si nous n'avions jamais goûté au baiser profond, l'idée d'avaler le microbiote buccal de son ou sa partenaire ne serait pas forcément attractive en soi.

À Bali, c'est l'olfaction qui tient lieu de baiser. Les couples amoureux se tiennent très étroitement liés, visage contre visage, pour humer l'autre et ainsi l'absorber, comme nous le faisons au travers du baiser. L'intrication olfaction/gustation étant très étroite, on comprend vite l'intérêt de cette tendre pratique particulièrement intime.

Quant aux Papous, ils aiment couper le bout des cils de leurs partenaires avec leurs dents, ce qui est très singulier et qui, pour le fait, ne passe pas inaperçu : tout comme le suçon dans le cou, ce baiser laisse une empreinte sur celui à qui il est fait. Une sorte de marquage territorial amoureux ?

LA CHIMIE DE L'ORGASME

INSTINCT, DÉSIR, PLAISIR ? À L'ORIGINE DU SEXE

Le désir des animaux demeure un mystère difficile à percer, ne serait-ce que parce qu'il faut distinguer instinct de reproduction, envie de se faire plaisir ou émotions, et qu'il y a encore trop peu d'études sur ce sujet. La finalité reproductive ne semble pas être la motivation première de l'animal, qui ne fait certainement pas de lien entre l'acte sexuel et la naissance des petits (voir p. 178). Si les animaux s'accouplent, c'est vraisemblablement qu'ils y trouvent au minimum un soulagement à des pulsions, et probablement plus, c'est-à-dire une véritable satisfaction, voire un orgasme, ce phénomène que nous allons essayer de mieux cerner dans ce qui suit. Si la sélection naturelle a « installé » le plaisir de façon aussi généreuse dans le monde animal, c'est certainement parce qu'il a un intérêt évolutif pour les espèces. Quand il y a des gènes, il y a du plaisir !

LA JOUISSANCE DES PETITES BÊTES

Parler de jouissance animale paraît encore incongru, mais les études les plus récentes montrent qu'elle existe chez beaucoup d'espèces, notamment les mammifères, et qu'elle est soupçonnée et même étudiée chez bien d'autres, y compris chez certains invertébrés : les insectes eux aussi possèdent les bases biologiques nécessaires pour ressentir du plaisir, et ils semblent bénéficier d'un système de récompense.

Thierry Lodé estime qu'il y a un plaisir quand il y a des spasmes, y compris chez des espèces très rudimentaires. Pour les insectes, les preuves scientifiques commencent à arriver. Une équipe de chercheurs israéliens a déterminé le moment de jouissance chez les mâles de mouches drosophiles (*Drosophila bifurca*) : elle arrive précisément au moment de l'éjaculation. Hélas, à notre connaissance, il n'y a pas encore eu d'étude sur les drosophiles femelles.

Une autre expérience sur des drosophiles a consisté à enfermer deux groupes de mâles, un en compagnie de femelles prêtes à s'accoupler, et un autre avec des femelles déjà fécondées et refusant leurs approches. Une fois relâchés, seuls les mâles frustrés se précipitaient vers des récipients d'alcool, les autres préférant de la nourriture ordinaire. Le sexe est donc bien une source de plaisir recherchée, même par les mouches. Sous peine de se noyer dans la boisson...

UN PLAISIR TAPAGEUR

L'un des critères pour déterminer la présence d'un orgasme est le cri, en tous cas pour de nombreux primates. Les scientifiques William Hamilton et Patricia Arrowood ont enregistré des vocalisations de babouins, de gibbons et d'humains en pleine action, trois espèces dont les femelles crient quand elles accèdent au plaisir. Les vocalisations ne seraient pas volontaires. Elles sont plus développées chez les femelles que chez les mâles, avec pour les femmes l'avantage de pouvoir verbaliser leurs émotions. Parmi les mots partagés par les partenaires humains, 2 à 18 % seraient des obscénités et des formules crues[1], surtout chez les hétérosexuels ; l'homme insulte sa camarade, qui répond en jurons. Ces mots interdits correspondraient à un lâcher-prise. La majorité consiste plutôt en mots tendres ou ardents, ou en indications pour diriger les opérations. Pendant la montée de l'excitation, les phrases se déconstruisent peu à peu pour faire place à des râles ou à des cris.

---

1. *François Perea*, Le Dire et le jouir. Ce qu'on se dit au lit, *La Musardine, 2017.*

Dans nos appartements, ces démonstrations vocales parfois tapageuses ne menacent que la tranquillité des voisins. Mais de tels signaux sonores sont-ils raisonnables dans la nature, où l'on doit rester discret pour survivre ? Pourquoi la sélection les a-t-elle gardés ? Outre l'expression du plaisir, leur fonction serait aussi sociale[1]. Chez les humains, ils participeraient à la fusion et à la stabilité du couple, et plus encore chez les babouins. La guenon crie plus longtemps lorsqu'elle est montée par un mâle mûr et dominant, et de plus en plus quand elle s'approche de la date de l'ovulation. C'est la période où elle a le plus de chances d'être fécondée, et elle multiplie les avances et les démonstrations. Au cours de l'évolution, les relations sexuelles ont peut-être fortement contribué au développement de la communication sonore.

ANATOMIE DE L'ORGASME

L'orgasme a déjà été prouvé chez des guenons et d'autres espèces, adeptes de la masturbation en solo ou à plusieurs, cependant la plupart des animaux semblent en bénéficier d'une manière ou d'une autre. Mais qu'il concerne des humains ou d'autres espèces, qu'est-ce qu'un orgasme ? Les définitions sont diverses. Disons qu'il s'agit globalement d'un pic de plaisir intense, accompagné d'une accélération des rythmes respiratoire et cardiaque, et suivi d'une grande libération des tensions. Les humains des deux sexes décrivent des sensations parfois très différentes, et deviner ou évaluer celles des autres espèces est encore plus sujette à discussion. On remarque bien certains points communs, comme les spasmes de l'éjaculation ou les contractions vaginales, mais les choses sont complexes : l'éjaculation masculine, par exemple, n'est pas systématiquement liée à l'orgasme.

Notre espèce étant la mieux étudiée par nous-mêmes, explorons donc les mécanismes de nos propres jouissances. La définition du plaisir peut être différente suivant l'angle d'étude : neurologique, chimique, sensoriel, psychologique, culturel ou même biologique. De nombreuses

---

1. Antonio Fischetti, La Symphonie animale. Comment les bêtes utilisent le son, *Vuibert/Arte éditions, 2017.*

recherches effectuées avec le concours d'humains conciliants et visiblement motivés nous permettent de décrire notre cerveau durant l'orgasme. Grâce à leur contribution et aux IRM fonctionnelles, nous pouvons assister en direct aux effets des stimuli sur différentes aires cérébrales.

FOCUS SUR LE CERVEAU EN EXTASE

Durant l'orgasme, énormément de choses se produisent dans notre boîte crânienne. Le circuit de la récompense est en pleine action grâce à l'augmentation de l'hormone du plaisir, la dopamine. Cependant, les hommes et les femmes ne vivent pas tout à fait les mêmes sensations. Bien qu'il y ait une majorité de points communs, on constate que les femmes se libèrent de leurs blocages et complexes grâce à l'inhibition de deux zones : celle impliquée dans le contrôle de soi (cortex orbitofrontal) et celle impliquée dans le jugement que l'on porte sur soi (cortex préfrontal dorsomédian). L'orgasme permettrait alors de lâcher prise sur son apparence pour profiter des sensations voluptueuses alors offertes à notre corps.

Pendant l'orgasme, les femmes lâchent prise sur leur apparence

Chez l'homme, l'ensemble du cortex s'embrase, c'est un véritable feu d'artifice ! Les zones de la vision se désynchronisent, allant éventuellement jusqu'à troubler la vue. Le contrôle des réactions en fonction des sensations sous l'égide de l'amygdale est, quant à lui, très largement diminué. C'est un joyeux embrouillamini ! Mais les femmes ne sont pas en reste, avec une diminution très importante de la conscience qu'elles ont de ce qui les entoure, frôlant parfois la perte de conscience, que l'on nomme alors « petite mort », cette sensation de flottement où le temps est suspendu entre deux vagues de plaisir intense.

VOYAGE DANS LE CORPS DURANT L'AMOUR

PHASE	EFFETS CORPORELS	EFFETS CÉRÉBRAUX
Excitation	★ Fréquence cardiaque et respiratoire. ★ Pression artérielle. ★ Volume du clitoris et des seins. Lubrification vaginale. Érection du pénis.	Mise en alerte des zones érogènes par le cortex sensoriel. Libération de l'hormone de l'attachement (ocytocine) par les caresses. Chez l'homme, le cortex visuel est plus actif que chez la femme, les hommes étant souvent attirés par des stimuli visuels.
Plateau	État de tension généralisée : ★ Sensibilité clitoridienne. Rétrécissement de l'orifice vaginal. Sécrétions préspermatiques facilitant la pénétration.	Hypersensibilisation des zones érogènes. ★ ★ ★ Libération ocytocinique.

★ Légère augmentation / ★ ★ ★ Augmentation maximale.

BÊTES DE SEXE **LE CERVEAU, PREMIER ORGANE SEXUEL**

PHASE	EFFETS CORPORELS	EFFETS CÉRÉBRAUX
Orgasme	★ ★ ★ Fréquences cardiaque et respiratoire. ★ ★ ★ Tension artérielle. Contractions involontaires des muscles vaginaux et anaux. Sensation de chaleur et de plaisir maximale. Éjaculation éventuelle avec spasmes urétraux et pelviens.	Une trentaine de zones du cerveau sont actionnées, quasiment les mêmes chez les hommes et chez les femmes. ★ ★ ★ Sécrétion de l'hormone du plaisir et de la récompense (dopamine). Chez la femme, inhibition du contrôle de soi et du jugement. Chez l'homme, embrasement total du cortex. Confusion entre sensations perçues et analysées, alors que chez la femme, ces sensations frôlent la perte de conscience de ce qui se passe. Intensification du goût et de l'odorat plus marqué chez l'homme que chez la femme. ★ ★ ★ Émotions.
Après l'orgasme	Relâchement musculaire complet. Retour à la normale des fonctions corporelles. Fatigue. Les organes génitaux reprennent une configuration normale.	Sensation de bien-être.

125

« Personne ne gagnera jamais la guerre des sexes.
Il y a beaucoup trop de fraternisation avec l'ennemi. »

Henry KISSINGER

« Si nous n'avions pas de rivaux, le plaisir ne se transformerait pas en amour. »

Marcel PROUST

Pour l'amant mante (ici une forme beige), l'amour est risqué !

PLAISIRS ET RIVALITÉS

Une espèce animale ne perdure que par les individus qui la composent, et qui se reproduisent au fil du temps. Mais la reproduction, ce mécanisme de transmission des gènes, repose sur un équilibre parfois délicat entre les « intérêts[1] » des mâles et ceux des femelles, car ils ne sont pas exactement les mêmes. Mu par ses pulsions, chacun ne « cherche » qu'à diffuser ses propres gènes, et cette motivation différente entre les uns et les unes mène parfois à une impitoyable rivalité.

Bien que la force physique semble donner l'avantage aux mâles, ce sont globalement les femelles qui choisissent celui qui les fécondera, et beaucoup le font même selon leur bon plaisir. Grand pacificateur au milieu des tempêtes, le plaisir transforme souvent l'antagonisme en rapports harmonieux. Déjà, Darwin avait pointé le rôle primordial des femelles dans le processus de la sélection sexuelle. Aujourd'hui se pose une nouvelle question : leur plaisir se tiendrait-il au cœur de l'évolution ?

---

1. *Ces guillemets sont là pour rappeler qu'il ne s'agit pas d'une volonté individuelle de l'animal.*

MÂLES ET FEMELLES : DES INTÉRÊTS DIVERGENTS

LA « GUERRE DES SEXES »

La sélection sexuelle implique une concurrence évidente entre membres du même sexe, mais l'évolution peut aussi en entraîner une, moins connue, qui se joue entre les mâles et les femelles. En effet, les uns et les autres suivent des logiques et des fonctionnements différents, et se retrouvent parfois en opposition, voire en compétition. La décapitation du mâle par la mante religieuse (voir p. 138) suffit à elle seule à révéler cette impitoyable rivalité.

Même les escargots, pourtant à la fois mâles et femelles, s'opposent l'un l'autre au cours de leur accouplement ! En effet, chacun chercherait à ne jouer que le rôle mâle, moins coûteux en énergie, et à éviter de se faire féconder. L'union est longue, chaque partenaire plante un dard calcaire dans la chair de l'autre pour le stimuler, lui inoculant au passage des substances chimiques qui l'obligeraient à se laisser féconder.

En ne « cherchant »[1] qu'à transmettre leurs propres gènes, les partenaires sont rarement enclins à la fidélité, et se livrent ce qu'on appelle souvent une « guerre des sexes ». Le terme est impropre, car il sous-entend une sorte de volonté consciente de l'animal lui-même, alors qu'il s'agit d'évolution agissant sur l'espèce. N'en déduisons pas, par exemple, que les hommes et les femmes ne seraient destinés qu'à s'opposer dans d'infernales scènes de ménage.

LE MYTHE DE LA FIDÉLITÉ DES FEMELLES

La différence entre les mâles et les femelles se situe de façon particulièrement visible dans celle de leurs gamètes* (voir « Nom de nom », p. 19) : chez les humains, l'ovule est 100 000 fois plus gros qu'un sper-

---

1. Ces guillemets soulignent aussi que parler de « but » est également trompeur, car il n'y a pas de volonté non plus de l'évolution d'aller dans une direction déterminée.

matozoïde ! Mais cela implique-t-il des conséquences sur les mœurs ? En 1948, le généticien Angus John Bateman émettait l'hypothèse d'une différence comportementale entre mâles et femelles, en se basant sur les particularités de leurs gamètes*. Puisque les mâles bénéficiaient d'une énorme quantité de spermatozoïdes, leur intérêt était de féconder un max de conquêtes, ils étaient donc fondamentalement infidèles. Au contraire, les femelles devaient économiser des ovules précieux et limités, elles étaient sélectives et fidèles.

En implication sociale, cette opposition « quantité » *versus* « qualité » dédouanait largement les maris volages, et restreignait les femmes à l'élevage des enfants. Mais des scientifiques comme l'anthropologue Sarah Blaffer Hrdy ont remis cette notion sociobiologique et idéologique en question. Sur le terrain, les animaux nous montrent des comportements bien plus variés et moins stéréotypés que ceux auxquels nous pourrions nous attendre : la plupart des femelles multiplient les partenaires, et ce seul fait ruine la belle théorie.

QUAND LES MÉSANGES SONT VOLAGES

Depuis que les analyses génétiques existent, on s'est aperçu que, dans un nid de mésanges, les petits étaient rarement du même père. Chez des mésanges charbonnières (*Parus major*), plus de 70 % des œufs n'ont pas le même géniteur !

En réalité, si 90 % des oiseaux semblent monogames socialement, moins de 1 % d'entre eux seraient fidèles sexuellement : ils s'organisent deux par deux pour l'élevage des petits, car celui-ci est difficile à assumer seul, mais pour l'amour, ils sont bien plus que deux... La conséquence du vagabondage sexuel féminin est une diversification des gènes qui assure à la future mère d'avoir une bonne descendance, au cas où l'un des géniteurs serait défaillant. Ce mécanisme néodarwinien est appelé la « pêche aux bons gènes » (*shopping for genes*), mais en réalité elle ne concerne pas que la qualité, la diversité importe également.

Des accouplements « extraconjugaux » se rencontrent depuis les insectes jusqu'aux primates. Dans le cas de copulation interdite par un ou des dominants, les amours clandestines se font discrètes. Si une guenon batifole avec un mâle de rang inférieur, elle évitera de se faire remarquer par des cris de contentement pendant l'acte. Ces petits coups derrière les buissons permettent sans doute un meilleur brassage génétique, mais aussi, certainement, de bons moments de plaisir. Conséquence : dans une troupe de chimpanzés, la moitié des petits ont un père extérieur au groupe !

Il existe aussi des cas de « divorce » dans la nature : si une mésange à tête noire (*Parus atricapillus*) rencontre un mâle particulièrement attractif, elle quitte le sien pour nicher avec le dernier élu. La monogamie est fragile : des séparations ont lieu quand le territoire est insuffisant, ou quand la reproduction est un échec. 50 % des mouettes divorcent lorsque les œufs n'ont pas éclos, et 20 % lorsque la couvée ne s'est pas développée normalement[1].

Le comportement des mâles répond à cette infidélité de leurs partenaires, ce que nous allons bientôt découvrir à quatre pattes dans les prés.

LA NOTE DE LA SEXOLOGUE

UNE MÈRE HUMAINE PEUT-ELLE PORTER LES JUMEAUX DE DEUX PÈRES DIFFÉRENTS ?

Bien qu'il soit peu connu, ce phénomène existe chez les humains et porte le doux nom de « superfécondation hétéroparentale ». Derrière ce terme technique se trouve une explication simple : une maman peut être enceinte de jumeaux de deux papas différents. Le fait est avéré depuis qu'une femme a donné naissance à deux bébés en même temps, l'un de peau noire et l'autre de peau blanche. Dans ce cas, aucun doute n'était possible ! Les circonstances doivent cependant répondre à certains impératifs, notamment sur le temps écoulé entre les deux rapports sexuels, qui doit être très court. On ne connaît pas plus d'un cas sur 400, ce qui demeure très exceptionnel.

---

1. Claude Combes, Darwin, dessine-moi les hommes, *Le Pommier*, 2006, p. 96.

BÊTES DE SEXE **LE PRIX DU PLAISIR**

DÉCOUVERTES SUR LES BOUSES

Dans les prés, passer des heures à observer ce qui se passe autour des bouses de vache n'a rien de futile. C'est ce qu'a expérimenté l'entomologiste Geoffrey Parker, très intéressé par le manège des scatophages du fumier (*Scathophaga stercoraria*), plus vulgairement appelées « mouches à merde ». À force de regarder voler les mouches, Parker a émis en 1998 l'hypothèse scientifique de la « compétition spermatique » : les femelles scatophages étant très volages, les mâles doivent se battre pour les accaparer afin de transmettre leurs gènes. Les mouches mâles maintiennent les femelles dans une pseudo-copulation, restant accrochées à elles pour se les réserver. Ces « réservations de femelles » existent également dans bien d'autres espèces et peuvent s'observer sur le terrain.

> **LA NOTE DU NATURALISTE**
>
> ### DES MÂLES CRAMPONS
> Les mâles de nombreux insectes s'assurent une paternité en restant longtemps accrochés à la femelle qu'ils ont fécondée. Ainsi font les libellules. Une fois l'accouplement en forme de cœur achevé (voir p. 97), les mâles de certaines espèces restent arrimés jusqu'au moment de la ponte, ce qui leur évite toute rivalité. On peut ainsi observer, dans les mares, des femelles plongeant l'abdomen dans l'eau pour déposer leurs œufs, mais toujours affublées de leur mari, raide et vertical, cramponné à leur nuque par la pince qu'ils ont au bout du corps.

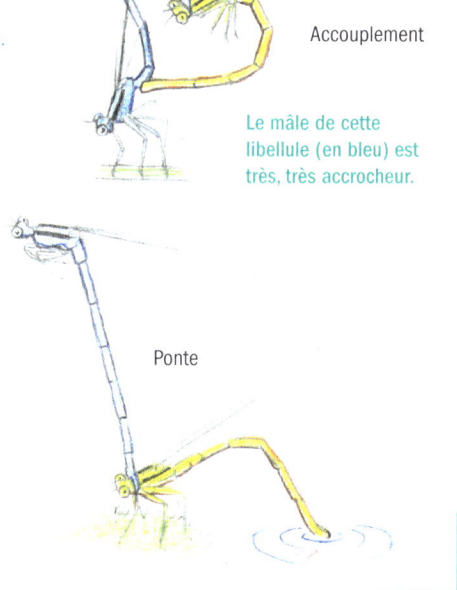

Accouplement

Le mâle de cette libellule (en bleu) est très, très accrocheur.

Ponte

DES CEINTURES DE CHASTETÉ

Pour transmettre leurs gènes, certains mâles emploient un autre système autoritaire : installer une ceinture de chasteté, grâce à la solidification de leur sperme ou de sécrétion, en fin d'accouplement. Ce « bouchon vaginal » a été découvert sur un cochon d'Inde (*Cavia porcellus*) femelle en 1847, et depuis, les révélations n'ont cessé de s'enchaîner sur d'autres mammifères, des insectes ou des reptiles. Fréquents également chez les araignées, ces bouchons copulatoires sont parfois constitués d'une partie des organes génitaux du mâle, tels des morceaux de pédipalpes, voire des pédipalpes entiers. (Les pédipalpes sont des appendices situés à l'avant du corps. Chez les araignées mâles, ils sont hypertrophiés car ils portent un bulbe copulatoire.) Le système de bouchon n'est pas entièrement dissuasif, car on a observé 5 pédipalpes dans les voies génitales d'une seule veuve noire (*Latrodectus mactans*).

Certains mâles laissent leurs organes génitaux dans ceux de la femelle, constituant ainsi un bouchon.

Certains mâles vont jusqu'au sacrifice ultime : ils meurent dès le début de l'accouplement, et leur dépouille reste accrochée suffisamment longtemps à leur partenaire pour empêcher les rivaux d'y pénétrer et pour que leur propre semence puisse féconder les ovules. Miracle de l'affaire : l'action fécondatrice persiste après la mort, car les pédipalpes continuent d'injecter le sperme automatiquement. Le fait que le bouchon soit étanche n'empêche pas la femelle de pondre, car les araignées femelles possèdent deux orifices distincts, un pour le sperme (avec deux canaux d'insémination) et un pour les œufs. Une entrée et une sortie en quelque sorte, comme si la femelle était préadaptée aux manigances de ses partenaires.

Des bouchons vaginaux de formes diverses existent aussi chez les singes, et concernent essentiellement ceux dont les femelles sont très volages. La compétition spermatique produit chez les mâles de gros testicules, dont l'abondante semence fait aussi obstruction aux spermatozoïdes rivaux par envahissement des voies génitales féminines. Chez des espèces comme les gibbons, les gorilles et les humains, la protéine responsable du bouchon n'est plus active, car pour ces primates, les spermes de mâles différents entrent rarement en compétition. Par conséquent, leurs testicules sont moins gros.

LE SPERME MANIPULATEUR

Le sperme peut se solidifier pour boucher des voies génitales, mais il a d'autres propriétés étonnantes, car certains de ses composants vont jusqu'à influencer le comportement de la femelle ! Chez les mouches drosophiles, le sperme anesthésie les pulsions sexuelles de la femelle pendant plusieurs jours après l'accouplement, ce qui la conduit à repousser les avances des autres mâles. Si elle est abordée par un prétendant, elle bloque son orifice génital et peut même diffuser une odeur repoussante. Sa fidélité est chimiquement garantie, la ceinture de chasteté agit ici sur le cerveau.

Les mâles d'autres espèces, comme certains papillons, diffusent également des substances antiaphrodisiaques. Celui d'une tique des oiseaux (*Argas persicus*) utilise une grenade explosive. Il décapsule son spermatophore plein de gaz en le mordant, l'enfonce dans l'intimité de sa partenaire, et celui-ci éjecte le sperme avec des jets de bulles !

Question désormais rituelle : et chez nos amis les humains ? Une étude des psychologues Gordon Gallup et Rebecca Burch, menée auprès de 300 étudiantes, a montré que celles qui utilisent un préservatif ont 50 % plus de symptômes de dépression que les autres. Si d'autres études confirmaient ces résultats, cela voudrait dire que le sperme humain contiendrait lui aussi des substances manipulatrices, et même bénéfiques. Affaire à suivre...

COMME DES BRUTES

La frénésie de la reproduction peut entraîner des comportements de harcèlement et de brutalité. Parfois, la cour relève du balourd : quiconque a vu l'insistance d'un pigeon (*Columba livia*) en rut en a eu la preuve concrète. Et personne ne contestera le cas chez les humains... Pour se dégager de prétendants qu'elle n'a pas choisis, la femelle du crapaud buffle (*Bufo marinus*) se gonfle d'air pour leur faire lâcher prise. D'autre part, une « certaine vigueur » est courante chez beaucoup d'espèces, par exemple les requins (*Selachimorpha*) : les mâles maintiennent leurs partenaires en les mordant, et celles-ci portent des cicatrices profondes sur leur peau, qui est particulièrement épaisse à la suite de cette pratique justement. Certaines se retrouvent si déchiquetées qu'elles n'y survivent pas.

Pratiquant l'amour de groupe, les serpents-jarretières (*Thamnophis sirtalis*) étouffent les femelles pour les forcer à coopérer. La réaction défensive de celles-ci est d'ouvrir leur cloaque plein de matières répulsives pour repousser l'agresseur, mais cela ne suffit pas à le décourager car il en profite pour les pénétrer. Les éléphants de mer (*Mirounga* sp.) s'accouplent après les naissances, mais certains mâles n'attendent pas et forcent des femelles gravides, qui ne font qu'un tiers de leur poids. En voie de disparition, le phoque moine d'Hawaii (*Monachus schauinslandi*) accentue la menace qui pèse sur son espèce : les bandes de mâles amoureux brutalisent les femelles pendant des heures, au point que des humains protecteurs de ces animaux en viennent à leur administrer des calmants.

LA VIOLENCE DE CERTAINS MÂLES

Le procédé le plus rude qu'utilisent des mâles pour transmettre leurs gènes est certainement l'accouplement traumatique. Il est pratiqué par plusieurs espèces d'insectes, telle la punaise des lits (*Cimex lectularius*). La femelle possède bien des voies génitales, mais celles-ci ne sont pas un cheminement obligatoire pour qu'une fécondation ait lieu. Le mâle n'est donc pas tenu d'être précis, et il ne l'est pas. Avec son pénis en forme de grande seringue, il transperce au hasard tout ce qu'il rencontre, mâle ou femelle – voire espèce différente –, et n'importe où, mais généralement dans le dos. Si la seringue sexuelle pénètre une femelle, le sperme circulera via le système sanguin (ou plutôt la lymphe) jusqu'aux organes génitaux. Si c'est un mâle, le sperme de l'agresseur peut être recyclé dans le pénis de sa victime, ce qui permettra une

L'accouplement traumatique de la punaise des lits s'opère à coups de sabre.

fécondation indirecte par transporteur interposé ! L'accouplement hors des organes habituels est d'ailleurs si fréquent que chez certaines espèces, les femelles ont adopté un pseudo-vagin dans le dos, ce qui peut éviter bien des blessures et des infections. Au sein des punaises des chauves-souris africaines (*Afrocimex constrictus*), l'évolution a sélectionné des pseudo-vagins aussi sur le dos des mâles !

LE VIOL EXISTE-T-IL DANS LA NATURE ?

Par définition, le viol est une pénétration sans consentement. L'accouplement forcé est observé chez de nombreux insectes, comme des mouches drosophiles, des libellules ou des punaises. Pour certains, la violence est inscrite dans la morphologie et dans le comportement sexuel. Même si l'accouplement traumatique de la punaise des lits serait insupportable si nous le transposions à l'humain, peut-on parler de viol ? La reproduction de ces insectes particuliers ne fonctionne *que* de cette manière, il n'y a donc pas de transgression car il n'existe pas d'alternative. D'autre part, la sélection leur a donné un corps apte à supporter ce comportement, sans quoi l'espèce aurait disparu.

En dehors des insectes chez qui il n'existe pas d'option, le viol à proprement parler n'est pas fréquent. Il est néanmoins documenté chez des vertébrés, mais seulement dans quelques groupes : une quarantaine d'espèces de canards, des cétacés ou de rares primates.

On sait, par exemple, que les dauphins pratiquent des sortes de « tournantes », où plusieurs mâles séquestrent une femelle pendant des jours et la forcent. Cette brutalité avait été médiatisée en 2017 par le rappeur Orelsan dans sa chanson *Basique*, et a durablement cassé la belle image que le public a de ces animaux.

Chez les bonobos, les chimpanzés et les autres primates, les accouplements forcés sont extrêmement rares. La seule exception reste l'orang-outan. Il arrive qu'un mâle pénètre une femelle alors qu'elle se débat pour fuir. Dans son livre *Différents*[1], Frans de Waal raconte même le viol par un orang-outan d'une femme qui l'avait élevé depuis tout petit. Chez ces primates, les coïts forcés sont le fait de petits mâles dénués de caractères sexuels secondaires. La force du faible...

---

1. Frans de Waal, op. cit.

LE VIOL EST UN CRIME

La fréquence du viol chez les humains dépasse de loin tout ce qu'on observe chez les autres primates, et les vertébrés en général. Si les hypothèses, notamment relatives à l'éducation sont nombreuses, la science n'y a pas encore apporté d'explication définitive. Dans nos sociétés, le viol est juridiquement, médicalement et psychologiquement un acte criminel.

Il ne s'agit pas que de l'effraction du corps, mais celle aussi des limites de l'autre, de son espace interne, intime et affectif. Les victimes de viol(s) se retrouvent parfois tellement traumatisées qu'elles n'osent en parler, se sentant coupables à la place du véritable coupable.

Les violeurs ou violeuses (les abuseurs peuvent aussi être des femmes) ne sont pas tous « malades » ; ils sont parfois pervers. La perversion se distingue de la pathologie en ceci qu'elle n'est pas une maladie et qu'elle ne se soigne pas. Le pervers ne tient pas compte du ressenti de sa victime, il l'utilise à des fins de plaisir sans se soucier des conséquences de ses actes. Mais nous n'entrerons pas davantage dans les détails très sombres de la psychopathologie des agresseurs sexuels. Ce n'est pas l'objet de ce livre, plus axé sur la réjouissante variété des comportements.

L'IMPORTANCE DU CONSENTEMENT

Les femelles de gambusies (*Gambusia holbrooki*), des poissons dont les mâles ne s'accouplent que par la force, se rapprochent des plus grands, élisant leur bourreau pour se protéger des autres. Ce sont donc les brutes qui sont sélectionnées, même si leur comportement est canalisé par la présence d'une partenaire sexuelle.

Au contraire, d'autres vont favoriser la douceur. Fuyant la brutalité de mâles trop dominants, des femelles vont préférer la sécurité, et par là sélectionner des géniteurs plus délicats, comme on l'a vérifié au sein de nombreuses espèces. Les femelles du gerris (*Aquarius remigis*), ces punaises aquatiques qui patinent à la surface de l'eau, évitent les brutes pour s'accoupler avec des mâles moins agressifs. Même constatation avec les cailles du Japon (*Coturnix japonica*) et bien d'autres espèces : ce ne sont pas toujours les plus machos qui transmettront leurs gènes. L'évolution a favorisé l'acceptation de l'accouplement et, avec elle, le partage, voire la tendresse.

BÊTES DE SEXE **LE PRIX DU PLAISIR**

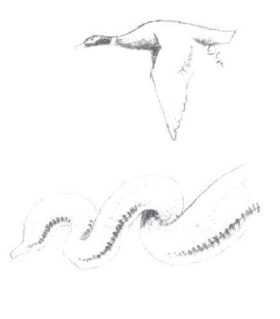

Barrage interne de la cane : son vagin est spiralé dans le sens inverse du pénis du mâle. Ainsi, il n'y aura fécondation que si la femelle est consentante et détendue.

> BON À SAVOIR

Une dent contre la domination sexuelle

Dans les lignées d'hominidés, la diminution de la taille des canines a suivi l'augmentation de la taille de la boîte crânienne. Le développement de nos capacités cérébrales a été parallèle à un changement de régime alimentaire, mais ce raccourcissement des canines (les crocs) ne semble pas directement lié à la nourriture et à nos capacités masticatoires : paradoxalement, l'apport de viande n'a pas correspondu au développement des dents spécialisées, les canines, bien au contraire. Cette réduction serait d'abord due à une sélection sexuelle, par les femelles hominidées, des mâles ayant des taux de testostérone atténués et se montrant moins agressifs. Nos lointaines mamies, n'ayant pas besoin de gros musclors brutaux, auraient donc préféré des compagnons un tantinet plus doux, et peut-être plus réfléchis.

Dents de babouin et d'humain mâles : seul le premier a les crocs.

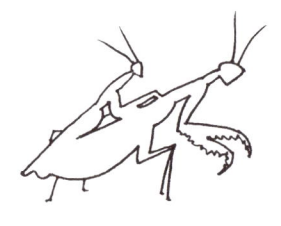

DES FEMELLES VIOLENTES

La « guerre des sexes » implique une violence qui ne concerne pas que les mâles : pour l'amour qui fait mal, les femelles ne sont pas en reste. La mante religieuse (*Mantis religiosa*) est la plus connue ; on peut d'ailleurs dire que c'est elle qui a inventé la pension alimentaire. Elle gardera de son mariage avec le mâle non seulement la fécondation de ses œufs, mais aussi, dans de nombreux cas, les protéines qu'il lui aura fournies malgré lui en la nourrissant de sa chair. Une fois décapité (ce qui n'est pas systématique), le corps du mâle redouble de mouvements copulateurs car les nerfs qui en sont responsables restent actifs. Aimer à en perdre la tête, la mante connaît ça.

> On peut dire que la mante religieuse a inventé la pension alimentaire.

Les femelles de minuscules insectes, des psoques du genre *Neotrogla*, ici une espèce des grottes du Brésil, sont dotées d'un faux pénis hérissé de piquants appelé le gynosome. À l'image des accouplements traumatiques des punaises mâles, ces psoques introduisent leur gynosome dans l'orifice génital dorsal (le phallosome) de leur partenaire et s'y accrochent. Au cours d'un accouplement de 40 à 70 heures, elles en extirpent du sperme, mais aussi des nutriments, car celui-ci en est abondamment pourvu. Dans ces grottes où la nourriture est rare, ça leur fait une motivation de plus.

La femelle d'un coléoptère (*Nicrophorus vespolloides*) oblige le mâle qu'elle a choisi à rester avec elle en le castrant chimiquement : elle le mord et lui propulse un gaz qui lui coupe l'envie d'aller draguer ailleurs. Des femelles moustiques du genre *Heleidae* font le contraire : c'est le mâle qu'elles éliminent pour n'en garder que la partie reproductrice. En plein accouplement, Madame *Heleidae* troue la tête de son mari et lui injecte des sucs digestifs qui vont le liquéfier. Une fois repue, elle jettera la carapace vide comme une vieille canette, mais gardera en elle les organes génitaux qui la féconderont.

Romantisme, quand tu nous tiens…

LE PLAISIR FÉMININ, AU CŒUR DE L'ÉVOLUTION ?

C'EST LA FEMELLE QUI FAIT LE TRI

Revenons à nos bouses, car l'histoire n'est pas finie. Après Parker, d'autres chercheurs sont allés plus loin en congelant des mouches scatophages accouplées afin de les couper en fines tranches. Ils ont découvert que l'appareil reproducteur de la femelle disposait d'un « centre de tri » : une pompe à sperme interne, une sorte de ventouse qui lui permet soit d'éjecter la semence indésirable, soit d'envoyer l'heureuse élue vers les œufs.

Au final, qu'elle ait été consentante ou non pour un coït, c'est la femelle qui détermine qui sera le géniteur de sa descendance. Une telle sélection des gamètes* mâles (voir « Nom de nom », p. 19) a été découverte chez un grand nombre d'espèces, y compris chez nos mésanges infidèles, dans les organes desquelles une intense compétition entre différents spermes s'opère. Elles aussi seraient capables de sélectionner leur descendance. De même, après un acte sexuel avec un coq non désiré, une poule domestique est parfaitement capable d'éjecter le sperme de son tractus génital. Le système antifécondation des canes en est un autre exemple (voir p. 72). D'autres méthodes sélectives existent, comme l'avortement spontané, voire l'infanticide.

Ce tri des semences mâles n'exclut pas d'autres sélections de la part des femelles. Beaucoup maîtrisent bien d'autres critères dans leurs choix amoureux, comme la recherche de plaisir.

UN ZIZI MUSICAL

Une sélection très particulière par les femelles a été observée chez la tipule (*Tipula* sp.), ou cousin, sorte de grand moustique à longues pattes, commun dans nos campagnes, et qui ne pique pas. L'amusante caractéristique du mâle, c'est qu'il a un zizi musical ! Le fait a été découvert par le scientifique William (Bill) G. Eberhard en 2009 sur une espèce tropicale du Panama. Au bout d'un quart d'heure d'observation

Mâle   Femelle

Effet vibromasseur

Mâle   Femelle

Le zizi musical de la tipule.

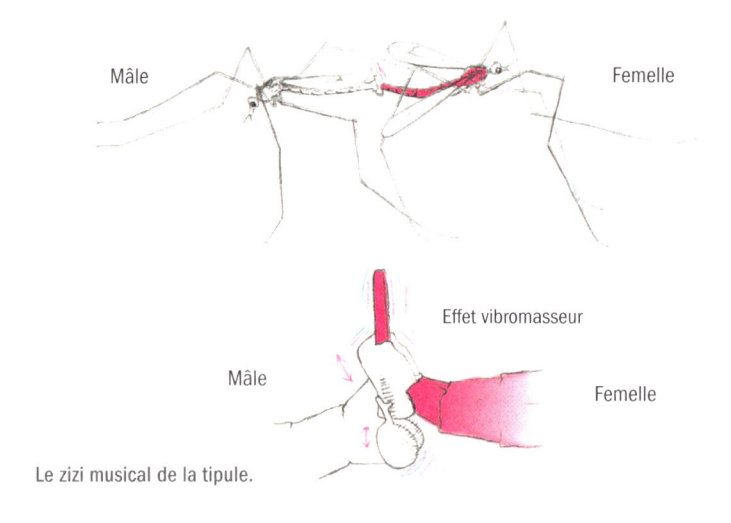

des insectes accouplés, Eberhard entendit une curieuse stridulation copulatoire. Des études plus approfondies révélèrent des organes génitaux très complexes, dont l'assemblage est comparable à la « planche à laver » (*washboard*, en anglais), un instrument de musique folk de surface ondulée que l'on frotte avec des dés à coudre. Cependant, l'intérêt de l'organe ne tient pas dans la musique, mais dans le plaisir que la femelle semble prendre à ces vibrations : le pénis de la tipule est un vibromasseur ! Elle cherche l'accouplement, et sa motivation est vraisemblablement la jouissance qu'elle en tire.

Madame Tipule n'est pas la seule à apprécier la gaudriole : chez certaines chrysomèles, des coléoptères brillants, la femelle guide le mâle pendant l'accouplement avec ses pattes arrière, probablement pour prendre son pied là aussi. Les femelles de bien d'autres espèces, mouches, coccinelles, papillons, etc., semblent tirer du plaisir des instruments organiques variés de leurs partenaires : pénis munis de baguettes, de fouets et autres inventions saugrenues qui titillent, tapotent ou caressent leur intimité. Une vraie collection de *sex-toys*.

LES FEMELLES, SÉLECTIONNEUSES DE PÉNIS ?

Selon l'hypothèse proposée par Bill Eberhard en 1985, la différenciation des organes génitaux mâles, qui sont encore plus variés que les organes femelles, s'explique par une sélection sexuelle darwinienne s'opérant dans les corps[1] : les mâles font aussi une cour... intérieure. D'accouplement en accouplement, les femelles de très nombreuses espèces montrent des préférences marquées pour certains amants, et les critères déterminants de leurs choix tiennent dans la forme de leur pénis et dans la manière dont ils s'en servent. Bref, ces dames insectes cherchent les bons coups !

L'un des comportements qui tend à valider l'hypothèse de la sélection darwinienne est l'existence d'accouplements « à sec ». En effet, les mâles de certaines espèces s'évertuent à effectuer plusieurs copulations sans éjaculer, ce qui *a priori* n'a d'intérêt que pour leur partenaire. Sinon, quel autre avantage que le plaisir féminin pourrait être tiré de cette pratique ? Les rongeurs américains de la sous-famille des *Neotominae* sont des adeptes du coït en plusieurs étapes. Le mâle de la souris de Californie (*Peromyscus californicus*) ne se permet la jouissance qu'après une ou deux galipettes d'échauffement. C'est aussi le cas pour des acariens, des phasmes, des guêpes, des papillons ou des rats. À notre connaissance, les champions du « sexe à sec » sont les mâles de certaines araignées à toile en hamac. Certains reviennent à la tâche des centaines, voire des milliers de fois avant d'éjaculer ! La femelle a donc largement le temps d'évaluer les qualités de son amant/*sex-toy*. S'il a été suffisamment énergique, elle finit par accepter un accouplement avec fécondation. Sinon, elle part sans autre formalité, quels que soient les efforts fournis par son prétendant.

> En cherchant les bons coups, les femelles sélectionnent les mâles.

On peut donc penser que les organes mâles sont soumis à une pression sélective opérée par les femelles, de la même manière que les couleurs des parures nuptiales ou les chants des oiseaux.

Les mâles stimulent les femelles avec leurs organes, mais aussi par leur comportement. Les parades nuptiales des alpagas (*Vicunia pacos*), des animaux proches des lamas et des chameaux, peuvent durer une demi-

---

1. Une autre hypothèse pour expliquer l'extraordinaire profusion de formes des organes génitaux est celle de la serrure et de la clé : seuls les outils sexuels de partenaires de la même espèce peuvent fonctionner ensemble, ce qui permettrait d'éviter les hybridations. Cette hypothèse se vérifie très bien pour certaines espèces, mais pas pour d'autres. Ainsi, comme toutes les hypothèses, elle est controversée. Et sans doute pas suffisante pour tout expliquer.

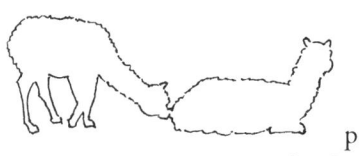

heure avant l'accouplement. La chercheuse Patricia Brennan, qui les étudie de près, pense que le mâle stimule le clitoris de sa partenaire, ce qui facilite l'acte sexuel. Les femelles sélectionneraient-elles aussi les mâles aux gestes sensuels ?

ORGASME ET FÉCONDATION

Le plaisir des femelles a-t-il un lien avec leur fécondation ? Les réponses sont contradictoires. On sait par exemple que l'insémination artificielle des génisses ou des truies connaît plus de succès si l'on a stimulé au préalable leurs organes génitaux : les sensations jouent donc un rôle dans l'acceptation de l'accouplement mais aussi, dans ce cas, dans la réussite de la fécondation.

Chez les femmes, la corrélation entre orgasme et fécondation reste controversée. Les contractions vaginales liées au plaisir et les spasmes utérins pourraient aider les spermatozoïdes à remonter dans l'utérus : c'est la théorie du *upsuck* (en français : « aspiration vers le haut »). Elle est globalement peu reconnue dans la communauté scientifique, et différentes études sur la question n'ont pas donné les mêmes conclusions. L'advenue de grossesses malheureusement provoquées par un viol, donc sans plaisir, va dans le sens contraire de cette théorie. De même – et là c'est plus joyeux –, l'existence de plaisirs extra-génitaux, comme par les seins, plaide pour une indépendance entre orgasme et succès reproductif.

QUAND LES TRUITES SIMULENT

Longtemps nié par la communauté scientifique, le plaisir des femelles animales, y compris chez des invertébrés, est de plus en plus étudié et admis. Il est une motivation à l'accouplement. Inversement, certaines femelles savent simuler quand le prétendant ne leur convient pas. C'est le cas des truites.

Bien que leur fécondation soit externe, les poissons ont généralement besoin de stimuli communs, phéromones ou gestuelle, pour éjecter ensemble leurs gamètes* sexuels (voir « Nom de nom », p. 19).

Les truites (*Salmonidae*) mâles n'éjaculent que si la femelle tremble intensément, la bouche ouverte, comme en extase. Les biologistes Erik Peterson et Torbjörn Järvi ont observé, en aquarium, de nombreuses truites femelles qui dupaient leurs prétendants. Quand un mâle non dominant et non choisi s'approchait, elles tremblaient et les menaient à l'éjaculation, mais retenaient leurs ovules. Le courtisan repartait satisfait et les laissait tranquilles. Quand un mâle dominant arrivait, elles se reproduisaient réellement avec lui. Il arrive donc que des animaux simulent le désir juste pour avoir la paix.

LA NOTE DE LA SEXOLOGUE

SIMULATIONS HUMAINES

Comme les truites, certains hommes et femmes simulent. C'est le cas dans certains couples qui, hélas pour eux, s'appliquent à un supposé devoir conjugal sans y éprouver de plaisir. La simulation entraînerait l'autre, comme un accord tacite sur une jouissance factice... afin que cela se termine plus vite. La simulation existe évidemment chez les travailleurs et travailleuses du sexe. Sans entrer dans les détails de la prostitution, il est habituel que leurs prestations ne se soldent pas par un réel plaisir pour eux. Cependant, leur clientèle aime à entendre les stimuli auditifs d'un orgasme, même feint, pour précipiter le leur. Un élément qui confirme la fonction sociale de ces cris d'amour.

« Pour l'essentiel de notre vie, [...] nous ne différons pas tellement des poissons, beaucoup moins des rats et presque pas des grands singes. Les seules différences entre la douleur, le plaisir et le stress chez ces animaux et chez nous, c'est de posséder les mots pour le dire. »

André LANGANEY

« Il [l'instinct sexuel] est la cause de la guerre et la finalité de la paix. »

Arthur SCHOPENHAUER

Chez les loups, seuls les dominants se reproduisent (en principe).

SEXE ET SOCIÉTÉ

Par leur principe même, les rapports sexuels nécessitent le rapprochement des êtres, et impliquent d'autres relations : rapports de force avec la rivalité, amoureux, etc.
Chez des espèces grégaires et organisées comme la nôtre, les pulsions sexuelles gouvernent la société, même en dehors des relations intimes. Les différences physiques ou sociales entre les sexes, ou encore les préjugés sexistes, régissent notre vie en groupe au quotidien.
Dans les sociétés hiérarchisées, le pouvoir donne généralement à ceux qui le détiennent un accès privilégié à la nourriture et aux partenaires sexuels. Bien qu'elle entraîne des rivalités, des contestations et des conflits, la hiérarchie permet à chacun de se situer dans le groupe, ce qui évite aussi des affrontements continus et destructeurs. Mais il ne faut pas confondre pouvoir et domination.

SEXE ET POUVOIR, POUVOIR DU SEXE

BISCOTTOS ET GROS MACHOS

Chez beaucoup de rapaces ou d'amphibiens, les femelles sont plus grandes que les mâles : au cours de l'accouplement, c'est Madame qui porte Monsieur sur le dos, elle doit donc pouvoir supporter son poids ! Mais en général, ce sont les mâles les plus forts. Les premiers éthologistes de terrain, tous des hommes, se sont focalisés sur la notion de mâle dominant, à l'image d'une société humaine fortement

Ce gorille est un mâle dominant à dos argenté, mais il n'use pas de sa force et se montre très tolérant avec les petits.

machiste. La rivalité entre mâles est réelle chez plusieurs espèces, certes, mais ces observateurs ne relataient que la moitié de l'histoire. Les chercheuses qui les ont suivis, notamment des primatologues, ont constaté bien d'autres types de liens sociaux, une plus grande souplesse dans les différents rôles et une place des femelles bien plus importante.

Chez les gorilles, les chimpanzés ou les bonobos, la sélection naturelle a produit de redoutables machines de combat, mais ça n'en a pas fait pour autant des dominants incontestés. En effet, la supériorité musculaire des mâles est utilisée entre eux dans la compétition intrasexuelle, et non comme outil de domination sur les femelles. Chez ces grands singes, des femelles s'associent pour remettre les éventuels despotes à leur place. En s'alliant, les guenons chimpanzés sont capables de mettre fin aux bagarres entre mâles et règlent leurs comptes par la force à ceux qui les ont maltraitées, parfois avec une extrême violence, pouvant aller jusqu'à la castration. En obligeant la puissance des mâles à ne pas trop déborder, cette solidarité féminine équilibre et sécurise le groupe, ce qui est évidemment le cas dans de nombreuses sociétés matriarcales. Le fait le plus emblématique est l'organisation pacifique des bonobos, qui sont menés par des femelles et qui pratiquent le sexe activement ; contrairement aux chimpanzés, dont la société, dirigée par des mâles, est agressive et territoriale. Certains observateurs pensent que les sociétés humaines oscillent entre ces deux tendances.

SODOMINATION ?

Pour communiquer au cours des rapports sociaux, le langage gestuel est universel. Chez toutes les espèces, la soumission se traduit par une rétraction du corps, comme si l'individu dominé voulait rentrer sous terre et disparaître. C'est la queue entre les jambes chez les loups, l'aplatissement au sol ou la génuflexion devant le roi ou la reine chez les humains. La domination s'exprime au contraire par des postures très expansives : on bombe le torse, on se dresse, on fait du bruit, on donne dans le *manspreading*... ou on mime une sodomie.

Il a souvent été dit que la gestuelle hiérarchique de sodomie venait du fait que, pendant l'acte sexuel, c'est celui qui pénètre qui maîtrise l'action. La sodomie symboliserait cette mainmise et signifierait : « C'est moi qui décide ». D'ailleurs, le verbe grec qui désigne la sodomie, *eispein*, devient en latin *inspirare*, « donner une inspiration », « souffler dans un trou », « communiquer »... et implique une soumission à l'*inspirator*, l'aîné à qui on doit allégeance, qui inspire, et qui transmet le savoir. Il existe donc différents moyens de transmission...

Le sodomiseur marquerait son pouvoir, chez l'humain comme chez les lionnes, les loups ou les macaques. Côté sodomisé, se laisser monter sans se démonter est un signe de consentement, mais aussi de soumission. Dans nos sociétés contemporaines, la sodomie est aussi invoquée verbalement au cours d'insultes exprimant le mépris, l'agressivité et la volonté d'écraser l'autre (avec un éventuel doigt d'honneur à l'appui) et se rapproche dans ce contexte de la brutalité, voire du viol. Elle est bien souvent liée à l'homophobie.

Cependant, les choses sont plus nuancées. Par exemple, la monte est une gestuelle très courante chez les bovins. Dans ce cas, elle n'est pas associée au genre : chez les vaches, les femelles miment autant la monte que les mâles, et une génisse peut fort bien chevaucher un taureau. Un éthologiste analysera peut-être cette gestuelle comme une marque de domination, mais un éleveur ajoutera qu'elle a lieu pendant les périodes de chaleurs, et qu'il y a d'abord une motivation sexuelle dans ce comportement. Chez les chiens (mâles comme femelles), au contraire, le chevauchement est plus largement social que sexuel. Certains individus montent fréquemment les autres ; cette frime indique cependant souvent un manque de confiance en eux, et ils peuvent d'ailleurs se faire mordre. De plus, chez plusieurs espèces, comme les singes langurs (*Semnopithecus entellus*) en Inde, des dominés montent régulièrement des dominants, des comportements homosexuels étant une partie de l'explication. Bref, l'hypothèse selon laquelle la monte est une marque de dominance n'est pas une règle générale, et gardons-nous d'interpréter catégoriquement ces gestuelles.

POGNON ET PROSTITUTION

Dans les sociétés humaines actuelles, le pouvoir s'exprime fortement au travers du prestige et de l'argent : sexe et pognon vont souvent de pair, le luxe flirtant avec la luxure. L'argent est un signe évident de statut social et de puissance hiérarchique, qui déteint sur la sexualité, car il permet de se payer des corps par la prostitution. Cette pratique chez les humains est un sujet délicat à aborder, et nous nous garderons ici d'entrer dans des considérations morales et des polémiques stériles, du genre « pour ou contre les maisons closes »... Parler des bordels, c'est un sacré bordel !

Dans la nature, on peut considérer que la prostitution existe, car on y trouve des situations qui correspondent bien à la définition de cette pratique : échanger une faveur contre une autre faveur, son corps contre un bien. Certes, les animaux ont la grandeur d'âme de ne pas être intéressés par l'argent, mais chez eux, l'amour tarifé existe ! Certaines oiselles monnaient leur corps contre récompense, comme les femelles de manchot (*Spheniscidae*) qui acceptent une copulation contre un caillou, élément précieux pour bâtir un nid, sans pour autant fonder une nichée avec le donateur. Pour Madame Colibri (*Trochilidae*), ce sera plutôt des sucreries. Si elle se retrouve avec une petite faim dans un territoire plein de nectar, mais que ledit territoire est défendu par un mâle, elle accordera l'accouplement en échange de l'accès à la nourriture. Le mâle, lui, y trouvera son plaisir de l'instant, même s'il ne s'agit pas là non plus de former un couple. Chez d'autres oiseaux, les pouillots (*Phylloscopidae*),

L'argent, signe de statut social et de puissance hiérarchique, peut déteindre sur la sexualité.

cette sorte de prostitution est courante chez les mères de famille. Débordée par l'élevage des petits, la femelle pouillot accorde jusqu'à 12 passes en une heure au mâle qui l'aidera. Elle engage un baby-sitter en le payant en nature, mais elle assure l'avenir de ses oisillons, et peut-être aussi la promesse d'une future descendance avec un bon père.

RAPPORTS DE FORCE

REPRODUCTION INTERDITE

Longtemps, on a pensé que le tabou de l'inceste était une spécificité humaine, et que les bêtes s'accouplaient... comme des bêtes, sans cette délicatesse de « civilisés » qui faisait notre orgueil. En réalité, les choses ne sont pas aussi simples.

Certes, pour de nombreuses espèces animales, la reproduction entre membres de la même famille est courante. Les oiseaux ne sont pas toujours regardants sur la parenté : on a vu des mâles d'hirondelles rustiques (*Hirundo rustica*) ou de martinets noirs (*Apus apus*) nicher avec leur mère, des accouplements entre frères et sœurs chez des moineaux, pics, mésanges, bergeronnettes, etc. Une renarde (*Vulpes vulpes*) peut s'accoupler avec le même mâle que sa mère, à savoir son propre père. Bref, l'inceste est répandu dans la nature.

Cependant, un tabou familial plus ou moins strict existe parmi des singes ou des cétacés, des espèces particulièrement sociales. Une femelle chimpanzé peut refuser les avances de son fils en criant très fort et l'empêcher d'éjaculer en elle. Les jeunes dauphins mâles d'une troupe se voient interdits de jeux sexuels avec leurs parentes, sœurs, cousines ou mère. Cependant, des rapports père/fille resteraient possibles[1]. Parmi les félins, de jeunes guépards mâles (*Acinonyx jubatus*) peuvent faire des avances à leur mère, mais celle-ci les repousse. Les guépards sont tous très proches génétiquement, et leur raréfaction accentue la proximité des survivants. Même si les animaux n'en ont pas conscience, le brassage génétique est nécessaire à la survie de l'espèce : éviter l'inceste leur permet d'éviter aussi les problèmes de consanguinité.

---

1. Yves Paccalet, *La Vie secrète des dauphins*, L'Archipel, 2002.

Empêcher la consanguinité est l'explication généralement apportée à l'évitement de l'inceste, même s'il existe des exceptions ponctuelles sans séquelles graves. Ces conséquences sont bien plus poussées avec les animaux domestiques ultrasélectionnés pour garder les caractéristiques d'une race déterminée, donc reproduits à répétition entre animaux proches. Les animaux de race sont souvent fragiles. Les carpes koï devenues difformes, aux yeux malades, sont très consanguines. Les races de chiens sont parfois associées à une vulnérabilité, comme la dysplasie de la hanche chez les bergers allemands. Idem chez les chats, où les pures races de siamois ont la queue cassée, louchent et souffrent de maladies rénales. Ils ne survivraient pas dans la nature.

LES ANIMAUX PÉDOPHILES

Beaucoup de femelles d'insectes sont fécondées dès la naissance, comme certaines mouches ou papillons, alors qu'elles ne sont qu'au tout début de leur stade adulte, ou ne l'ont encore pas tout à fait atteint. Les mâles d'un moustique de Nouvelle-Zélande cherchent leurs partenaires sous l'eau, donc encore à l'état de larves, et s'accouplent avec des femelles pendant leur métamorphose, avant qu'elles aient achevé d'éclore. Ils aident alors les adolescentes à déchirer leur enveloppe nymphale. Un chironome du littoral (*Clunio* sp.), lui, repousse la mue de la jeune femelle avec ses pièces génitales (voir dessin) ! Il faut dire que la vie d'un insecte est très courte à nos yeux, le stade adulte ne durant que la durée de la reproduction : chaque minute compte.

Le temps coule différemment chez les mammifères, pour lesquels s'attaquer à un jeune avant sa maturité sexuelle s'apparente davantage à un comportement hors norme. Faute d'avoir accès aux femelles, certains éléphants de mer (*Mirounga* sp.) non dominants se défoulent sur les juvéniles, qu'ils soient mâles ou femelles.

C'est aussi le cas du manchot Adélie (*Pygoscelis adeliae*), étudié par le zoologiste et photographe anglais George Murray Levick, qui a observé en Antarctique tout le cycle sexuel de cet oiseau entre 1910 et 1913. Lors de la très courte période de reproduction, les mâles en rut tentent de se reproduire avec des femelles mortes, commettent des viols en série ou abusent de poussins qui n'en réchappent pas toujours. Ces mœurs horrifiantes ont été censurées durant cinquante ans, par

Moustique pédophile ? Pour s'accoupler avec une femelle à peine métamorphosée en adulte, ce mâle de chironome *Clunio* l'aide à s'extraire de son enveloppe nymphale en la déshabillant à l'aide ses pièces génitales.

peur des réactions. Il faut dire que ces comportements suscitent pas mal de questionnements[1].

Quant aux bonobos, connus pour leur sexualité débordante, il n'est pas rare de voir les uns et les autres s'adonner au plaisir de la chair avec leurs petits sur le dos, et même avoir des relations sexuelles avec eux. Loin de la violence des manchots, le sexe est chez les bonobos un moyen de communication comme un autre, et il est consenti de part et d'autre. Très actifs sensuellement, les dauphins pratiquent eux aussi des relations adulte/juvénile, mais celles-ci s'apparenteraient plus à… de l'éducation sexuelle (voir p. 74).

PAS DE PÉDOPHILIE CHEZ LES CHATS ET LES SOURIS

Les jeunes souris (*Mus musculus*) bénéficient d'un système de protection contre le coït imposé. En effet, les immatures émettent une phéromone sexuelle dans leurs larmes : elles pleurent une substance chimique repoussant les avances des mâles, qui reportent leur désir sur des individus sexuellement matures. Une véritable clé de sécurité dirigeant les pulsions des rongeurs vers l'option la plus fertile et saine !

---

1. « *Viol, nécrophilie, pédophilie : la vie sexuelle d'une colonie de manchots* », tf1info.fr, 2014.

Du côté des chats, la puberté des plus jeunes se trouve accélérée par la présence de femelles en œstrus. Cela élimine toute présence de juvénile, donc toute possibilité de rapport pédophile. En rendant matures les jeunes chattes, l'évolution a aussi donné au félin un mode de protection de l'espèce, car il multiplie les chances de reproduction[1].

L'INCESTE CHEZ LES HUMAINS

L'inceste a été pratiqué chez les Égyptiens de l'Antiquité afin de conserver la lignée de leur dynastie. Cela s'est perpétué dans les lignées royales et n'est donc pas absent des cultures humaines. Quant au tabou de l'inceste version freudienne, nous pouvons émettre l'hypothèse que celui-ci soit à l'origine de la formation de groupes sociaux différenciés afin de rendre obligatoire l'exogamie, le fait de trouver une ou un partenaire sexuel hors de la troupe. Ainsi, le brassage des gènes serait plus efficace et l'échange amoureux entre groupes sociaux différents propice à une meilleure évolution de l'espèce.

On constate d'ailleurs cliniquement que les individus consanguins à des degrés très proches sont porteurs de tares familiales. Et pour cause : deux individus de même famille risquent d'avoir trop de gènes en commun, y compris des gènes porteurs de maladie hérités de leurs ancêtres mutuels, tels leurs grands-parents. En se reproduisant ensemble, ils multiplient et favorisent l'expression génétique de cette maladie.

Les Habsbourg sont un exemple frappant des méfaits de la consanguinité : têtes en pain de sucre, visages déformés, nez démesurés, prognathisme, tout y est. Les membres de cette famille aristocratique se sont reproduits entre eux depuis le Moyen Âge et ont fini par tous se ressembler dans la laideur, comme autant de caricatures les uns des autres.

LÉGENDES GRECQUES

La pédophilie est le fait d'avoir une attirance sexuelle pour des individus non matures sexuellement. Le mot « pédéraste », autrefois confondu avec « homosexuel », voire « pédophile », a longtemps entretenu

---

1. Frédéric Chéhu, « La pédophilie existe-t-elle chez les chats et les chiens ? », peuple-animal.com, 2016.

un lien trompeur entre l'homosexualité et le crime pédophile (ce qui persiste dans certains milieux extrémistes et intolérants).

Cette ambiguïté aurait pour origine une interprétation de l'histoire de la Grèce antique, où des maîtres qui éduquaient un jeune pouvaient avoir des relations sexuelles avec lui. Mais cette « pédérastie » (du grec *paîs*, « enfant masculin » et *erastes* « amant »), codifiée et institutionnelle, ne devait pas concerner des enfants impubères (en dessous de 12 ans). Cette coutume a donné lieu à une vision très déformée des mœurs des Grecs anciens, que la mythologie vient pourtant contrecarrer. Selon elle, si Œdipe a connu un destin si terrible, c'est à cause de la malédiction d'Apollon jetée sur sa famille, car son père, Laïos, avait violé le jeune Chrysippe. Cet abus était donc déjà vu comme un crime, et condamné comme tel.

> *Le crime pédophile de Laïos a entraîné une malédiction sur son fils Œdipe.*

Au sujet de la pédophilie chez les humains, nous pouvons parler sans ambiguïté de comportement anormal, immoral et criminel. Sans entrer dans le détail du psychisme des pédophiles, citons néanmoins quelques hypothèses criminologiques. Certains individus ayant du désir pour un corps infantile appartiennent au registre des pervers immatures, incapables d'avoir des relations sexuelles avec des personnes de leur âge. D'autres relèvent de l'opportunisme. L'individu pris par une pulsion qu'il ne sait pas maîtriser se défoule alors sur la première personne venue, la plus vulnérable et incapable de se défendre. Enfin, certains pédophiles se persuadent, pour des motifs qui ne servent qu'à satisfaire leurs appétits sexuels, qu'ils ne font aucun mal, ce qui révèle une déficience pathologique de l'empathie.

Notons au passage que le langage courant véhicule, dans ce contexte, des notions calamiteuses pour la réputation des animaux. Qualifier un humain de « prédateur » entraîne une confusion entre des criminels et les animaux qui chassent pour se nourrir (tels les loups ou d'autres mal-aimés qui n'ont pas besoin de ça). Le prédateur naturel est nécessaire à l'équilibre, tandis que le « prédateur » sexuel participe du déséquilibre. Jusqu'à ces dernières années, on n'a considéré la pédophilie que du point de vue de l'adulte, car les ravages qu'elle provoque sur le psychisme des enfants étaient négligés, voire carrément niés. Mais des victimes se sont fait entendre, et la société évolue.

SEXE ET PRÉJUGÉS

UNE MISOGYNIE SOUS-ENTENDUE

Si vous qualifiez un homme de mâle, il pourra en tirer une fierté, si vous qualifiez une femme de femelle, elle risque de s'en offusquer. Or, les deux sexes sont tout aussi précieux l'un que l'autre. Mais on parle encore de « garçon manqué » pour une fille, et jamais de « fille manquée » pour un garçon, comme si la masculinité était la seule référence valable. L'inégalité de la considération sociétale envers les uns et les autres est véhiculée par le vocabulaire ; il suffit de voir comment ont évolué ces deux mots jumeaux : un bonhomme, une bonne femme, un garçon, une garce...

De vieux clichés sexistes circulent encore, parfois inconsciemment, où un homme aux nombreuses « conquêtes » serait perçu comme un don juan, alors que les femmes sexuellement libres seraient des salopes. Cet écart de considération, selon que l'on est né·e avec un pénis ou un vagin, génère des décalages désastreux dans la société. Les hommes,

LA NOTE DE LA SEXOLOGUE

DES HOMMES SOUS PRESSION

La pression sexuelle existe aussi pour les hommes, car ils doivent se montrer... performants ! Cette injonction est une véritable catastrophe pour la confiance en soi. L'angoisse de performance est un des motifs principaux de consultation masculine dans mon cabinet, avec l'éjaculation prématurée. L'une des causes en est ce supposé devoir d'assurer, comme dans les vidéos pornos. Si ces films impitoyablement sexistes coûtent cher aux femmes, il en va de même pour les hommes, qui se comparent aux acteurs et sont complexés à la fois par la taille de leur sexe et par leur difficulté à rester en érection et à n'éjaculer que sur commande. Pourtant, comme pour tout film, il y a des artifices : les castings ne sélectionnent pas la norme mais l'énorme, les angles de vue sont particulièrement « valorisants » et cela peut aller jusqu'aux prises de médicaments...

alors considérés comme virils, auraient des besoins que les femmes n'auraient pas. Heureusement, et les animaux nous montrent largement la voie, les mentalités changent et les mœurs aussi !

LA FIN DES MIGRAINES ?

Aujourd'hui, dans nos sociétés, les femmes redécouvrent une nouvelle sexualité, notamment au travers des recherches menées autour du clitoris et du plaisir féminin (voir p. 105). La tendance s'inverse : elles ne serrent plus les dents dans le secret de la chambre pour satisfaire les désirs masculins, mais revendiquent ouvertement le droit à l'orgasme ! Elles ne prétextent plus une migraine pour échapper au « devoir conjugal », comme le faisaient nombre de nos grands-mères, mais désirent légitimement qu'on les caresse autrement, qu'on les convoite, pour partager désir, et plaisir avec son/sa partenaire.

PLAISIR, LE RETOUR !

Dans la réalité de la chambre à coucher (ou de bien d'autres endroits, selon les fantaisies des partenaires), il n'y a pas de sexualité épanouie dans un contexte de lutte des pouvoirs, sans consentement et sans désir réciproque. Une sexualité positive ne peut exister que dans la communication entre les deux partenaires, pour essayer de nouvelles choses, connaître le corps et les limites de l'autre, explorer ses possibilités insoupçonnées. Le sexe est d'abord un acte agréable pour toutes et tous, qu'on le pratique seul ou à plusieurs, et qu'importent les normes et les pressions sociales !

« Les autres primates acceptent chacun tel qu'il est, qu'il soit conforme ou non à la majorité, et c'est ce que j'adore chez eux. »

Frans DE WAAL

« La nature n'est ni morale ni immorale, elle est glorieusement, radieusement amorale. »

Théodore MONOD

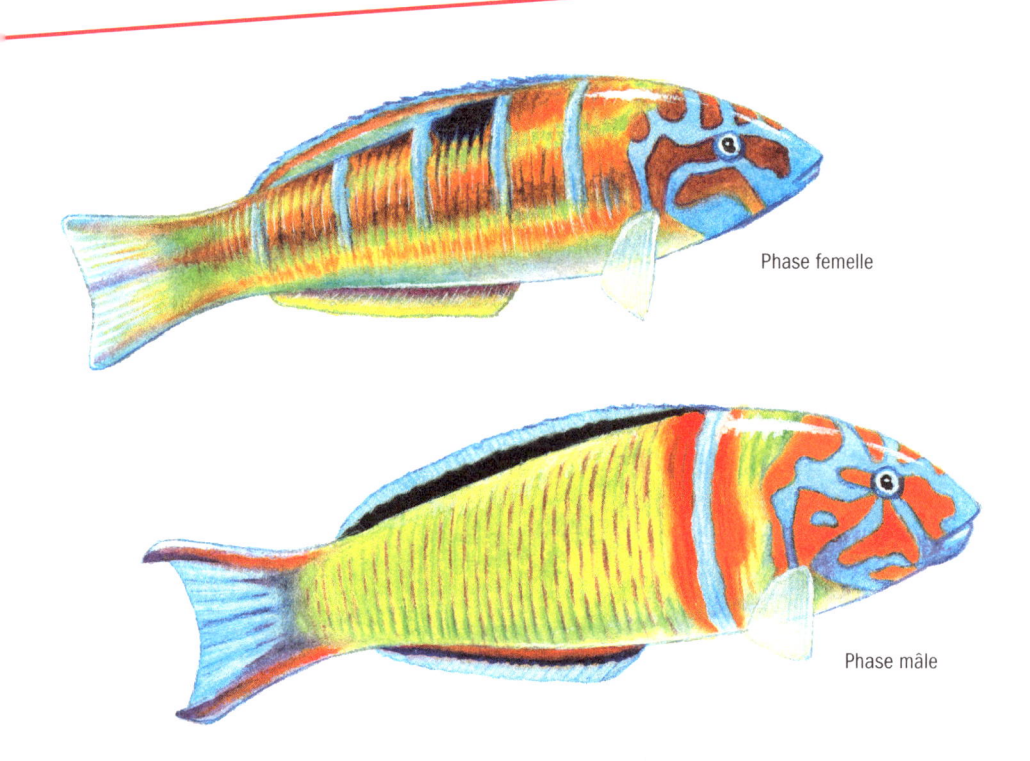

Phase femelle

Phase mâle

Parmi les girelles paons nées femelles, certaines deviendront mâles.

IL Y EN A POUR TOUS LES GENRES

Nous avons largement observé les rapports entre les mâles et les femelles, leurs particularités sexuelles, leurs amours et leurs batailles. Cependant, les sexes masculin et féminin ne sont pas des catégories hermétiques et, là encore, les pratiques des humains et des autres animaux sont extrêmement variées.

D'autre part, le sexe* ne doit pas non plus être confondu avec le genre* (voir « Nom de nom », p. 160). Sans chercher à définir avec exactitude des termes parfois complexes, disons une chose très simple : tous les goûts, toutes les mœurs sont dans la nature ; du poisson qui change de sexe à l'oiseau homo, en passant par les genres intermédiaires, ni masculin ni féminin. La nature n'a que faire de nos principes moralisateurs, et nous montre un joyeux éventail des possibilités amoureuses.

Aimer est un verbe qui se décline facilement à tous les genres.

Aimer est un verbe qui se décline facilement à tous les genres.

LA VIRILITÉ, UNE VARIABLE ALÉATOIRE

DES MÂLES AU FOYER

Socialement, le rôle « viril » traditionnel n'est pas toujours donné aux mâles. Des oiseaux comme les jacanas (*Jacanidae*), sortes de poules d'eau exotiques aux longues pattes, ne correspondent pas à nos clichés sur la virilité et la féminité : chez eux, ce sont les mâles qui construisent le nid, couvent et s'occupent des enfants. Les femelles sont plus fortes et portent des couleurs vives. Elles gardent un territoire et se battent entre elles avec des ergots qu'elles ont sur les ailes. Les gagnantes s'accouplent avec plusieurs mâles. Elles se contentent de pondre puis s'en vont, et c'est alors aux mâles de paterner.

Du côté des hippocampes, le renversement des rôles traditionnels – en tout cas dans notre esprit – est particulièrement poussé. Tout d'abord, c'est la femelle qui pénètre le mâle avec un tube de ponte faisant office de pénis. Les œufs sont fécondés par le mâle, mais à l'intérieur de sa poche incubatrice. Avec son gros ventre, il assure la gestation et même un équivalent d'allaitement, car les parois de sa poche, très vascularisées, forment une sorte de placenta qui fournit aux embryons un

Chez les hippocampes, c'est papa qui accouche.

liquide nutritif. À terme, l'expulsion des alevins se fait par des contractions qui en font une véritable mise bas. Le partage des rôles dans la fonction reproductrice de ces espèces a donc plus d'influence sur leurs comportements que le sexe lui-même.

LE SUCCÈS DES ANTI-MACHOS

Le mythe du mâle dominant costaud et agressif a largement été réajusté avec l'observation de certaines espèces. Parmi elles, de petits amants apparemment insignifiants se déguisent et font preuve d'observation et d'opportunité pour parvenir à leurs fins. Ils savent s'assurer une descendance, car ils coiffent souvent au poteau les plus forts...

De nombreuses espèces, notamment parmi les insectes et les poissons, sont composées de femelles toutes semblables et de mâles de plusieurs sortes (ou « morphes »). Les populations de blennies-paons (*Salaria pavo*), poissons que l'on peut rencontrer près des côtes atlantiques et méditerranéennes, comportent trois types différents de mâles, qui représentent trois méthodes de séduction[1]. Le premier morphe, le plus classique, est celui des machos, grands mâles à la livrée brillante émettant des phéromones attractives. Ce sont eux qui ont du succès auprès des filles, qui construisent des nids, et qui dépensent beaucoup d'énergie à les défendre. Le deuxième morphe est celui de petits mâles ternes et apparemment insignifiants, les *sneakers*, qui miment le comportement des femelles, mais qui sont dotés de volumineux testicules. Composant le troisième morphe, les mâles satellites sont encore plus mimétiques des femelles, tout en ayant eux aussi des testicules de belle taille. Grâce à leur apparence modeste ou trompeuse, *sneakers* et mâles satellites cherchent à s'approcher discrètement des nids pour en fertiliser les œufs. En concurrence dans cette fécondation clandestine, les satellites chassent les *sneakers* et sont mieux tolérés des machos, mais ils se font aussi courtiser à cause de leur apparence féminine. Si la sélection a retenu les trois morphes, c'est qu'ils ont tous leur part de succès reproductif et ont transmis leurs caractères. Ce sont même les « travestis », les satellites, qui en remportent la plus belle part.

---

1. Jacques Bruslé et Jean-Pierre Quignard, Pas si bêtes les poissons. Scènes de leur vie intime, Belin, 2017.

Alors qu'ils sont peu attractifs pour les femelles et qu'ils ne représentent que 10 % des mâles, les satellites assurent plus de 50 % des fécondations !
Les exemples de mâles satellites abondent, aussi bien chez les insectes, notamment des bousiers, que des serpents ou des oiseaux. Parmi les volatiles, les combattants variés (*Calidris pugnax*) mâles présentent trois aspects nuptiaux différents. Près de 90 % sont des « indépendants », agressifs, qui portent des plumages spectaculaires et se battent rituellement dans des arènes. 5 à 20 % sont des « satellites », de plumage terne, qui doivent attendre que les machos triomphants soient occupés à s'affronter pour pouvoir s'accoupler. Enfin, 1 % sont des *faeders*, sosies des femelles, qui eux aussi ne peuvent se reproduire que lorsque les indépendants sont occupés ailleurs.

AMOURS EN TOUS GENRES

LA CONSTRUCTION DU GENRE

Si le sexe* est de nature biologique, le genre* (voir « Nom de nom », ci-dessus) est quant à lui de nature psychique : il est soumis à l'influence de nos expériences intellectuelles, affectives et sociétales, et à la manière dont nous avons été éduqué.

NOM DE NOM

Sexe et genre
Dans le langage commun, nous faisons souvent l'amalgame entre « sexe » et « genre », l'administration les considérant même comme des synonymes. Pourtant, la différence entre sexe et genre est assez simple. Le **sexe** est relatif à l'organe génital avec lequel nous sommes né. On parle alors de sexe génétique. Le **genre** est quant à lui notre sexe psychique, il résulte avant tout d'une construction identitaire basée sur notre ressenti, qui peut être masculin/masculine, féminin/féminine, intermédiaire, ou autre, parmi toute une palette non binaire, et la possibilité de n'avoir aucun genre.

On peut définir le genre comme étant le rôle social qu'une société donnée accorde à un individu, homme ou femme. Et ce rôle n'est pas tout à fait le même en Chine ou en Suède, par exemple, tout comme il est déjà différent d'un pays à son proche voisin : la définition des droits et devoirs de chaque sexe dépend de l'environnement culturel, politique, moral et religieux. Bref, de l'environnement social.

Rappelons que notre code civil français n'a abrogé qu'en 2013 la loi interdisant le « travestissement » des femmes. Bien que non respectée depuis longtemps, cette loi consistait à leur interdire le port du pantalon !

NOM DE NOM

Mais que signifie le sigle LGBTQA+ ?
Il signifie **L**esbiennes, **G**ays, **B**isexuels, **T**ransgenres, **Q**ueers, **A**genrés, **+** Intersexes, Intergenres, etc.

Afin de n'exclure personne, ce sigle a été doté d'un « + » inclusif. Nous allons voir au cours de ce chapitre à quoi correspondent ces mots parfois nouveaux dans notre vocabulaire.

HOMOS ET BIS

L'homosexualité, et surtout la bisexualité, encore plus courante, n'ont rien de contre-nature, car les exemples sont si nombreux dans le monde animal qu'on ne peut plus parler d'exception[1]. La découverte de l'homosexualité, d'abord chez des coléoptères, puis chez quasiment toutes les espèces étudiées, domestiques et sauvages, en est la preuve irréfutable. De quoi donner un coup dans l'aile aux anciennes manifs homophobes dites « pour tous ».

---

1. Voir Fleur Daugey, Animaux homos. Histoire naturelle de l'homosexualité, *Albin Michel, 2018 ; Bruce Bagemihl,* Biological Exuberance and Natural Diversity, *Stonewall Inn Editions, 1999 ; ou encore Joan Roughgarden,* Evolution Rainbow, *University Press, California, 2004, non traduits en français.*

DE GAYS COLÉOPTÈRES

Les premières observations scientifiques d'accouplements homosexuels ont été décrites chez des hannetons (*Melolontha melolontha*) mâles, en 1859, par des chercheurs bien embarrassés devant de telles « perversions ». Ces dignes savants ont d'abord estimé que la cause en était un manque de femelles, mais même en présence de ces dames, des mâles continuaient de préférer leur propre sexe ! Une étude plus approfondie (c'est le cas de le dire !) du docteur Laboulbène confirma qu'un individu pénétré était bien un mâle (son partenaire avait investi son appareil génital et non son système digestif, ses organes masculins ayant été poussés vers l'intérieur). En 1895, c'est au tour d'autres coléoptères, les lucanes cerfs-volants, de faire l'objet d'une publication dans des chroniques entomologiques : « Accouplement anormal entre des *Lucanus cervus* mâles. » Quelles que soient les interprétations ou le silence prudent des observateurs, les faits devenaient indéniables et allaient se multiplier. Pourtant, ils n'avaient rien de révolutionnaires. Dès l'Antiquité, Aristote et Plutarque avaient observé des accouplements d'animaux du même sexe. Si les cailles homos d'Aristote lui posèrent question, lui aussi estima que c'était l'absence de femelles qui avait créé l'occasion. Il a fallu traverser les siècles et les préjugés avant que cela ne soit plus remisé au rang des aberrations copulatoires. Les termes « homosexuel » et « hétérosexuel » n'ont été proposés qu'en 1869 par l'écrivain austro-hongrois Karl-Maria Kertbeny, lassé des connotations péjoratives des expressions employées et de la pression sociale, qui avaient conduit un de ses amis au suicide.

À partir du XIXe siècle, les publications des scientifiques ont permis à la société de porter un regard plus objectif et réaliste sur l'homosexualité et de commencer à se dégager des préjugés du puritanisme. Mais de fortes réactions subsistent même si les faits sont là : aujourd'hui, on répertorie plus de 1 000 espèces animales chez qui l'observation de comportements homosexuels et bisexuels ont été rapportés, et qui concernent tout autant des femelles que des mâles.

GAY PRIDE ANIMALIÈRE

Sur le thème des animaux homos, l'un des exemples les plus cités est le comportement des girafes (*Giraffa camelopardalis*) mâles gays, qui

Les girafes gays ont été largement étudiées sur le terrain : non, l'homosexualité n'est pas une pratique contre-nature !

enlacent leur cou dans un câlin très spectaculaire. Ce *necking* peut concerner cinq mâles en même temps, et aboutit fréquemment à des érections et à des montes.

Un autre exemple bien connu est celui des femelles de macaques du Japon (*Macaca fuscata*), qui forment des couples très soudés. Leur derrière rougissant montrant la réceptivité et leurs mimiques de plaisir ne laissent aucun doute sur la satisfaction qu'elles tirent de leurs rapports. Elles s'accouplent et se frottent jusqu'à l'orgasme, s'embrassent en se regardant dans les yeux, affichent un large sourire, couinent, aboient, sifflent, roucoulent, gazouillent... Le mâle dominant peut bien piquer de grosses colères de jalousie, certaines refusent tout contact avec les représentants de l'autre sexe, formant même des coalitions contre leurs avances.

Les femelles bonobos sont les seules primates à pratiquer le *GG-rubbing*, une friction génito-génitale rythmée à la vitesse de 2,2 mouvements par seconde, alors que les mâles donnent dans le *rump-rump contact*, le frottement des scrotums. Quant à l'« escrime pénienne » des garçons bonobos, elle amène souvent à l'éjaculation.

Les grands dauphins (*Tursiops truncatus*) pratiquent autant l'homosexualité que l'hétérosexualité, ce qui n'est pas courant au sein d'une espèce, et se révèlent plus inventifs encore que les bonobos : les jeunes femelles sont deux fois plus actives sexuellement que les guenons, et les jeunes mâles montrent quarante fois plus de comportements homosexuels que ces dernières !

Notons qu'il s'agit là de pratiques sexuelles ponctuelles ou durables.

HOMOPARENTALITÉ

L'homoparentalité se rencontre dans la nature, avec des couples de femelles comme des couples de mâles. Là-dessus, les mouettes rieuses (*Chroicocephalus ridibundus*) en connaissent un rayon, car 20 % des mâles s'apparient entre eux, alors que la norme des mouettes en général est de 10 % de gays. Ces couples homosexuels adoptent souvent un œuf délaissé ou perdu pour élever ensemble un petit oisillon. Dans beaucoup d'espèces, les femelles sont plus petites que les mâles, et les couples mâles sont ainsi plus forts que les autres pour défendre les oisillons qu'ils élèvent. La survie des nichées passe d'ailleurs de 30 % chez les parents hétéros à 80 % chez les gays !

Cependant, les couples lesbiens sont aussi fréquents chez les mouettes, les goélands et les sternes. Il suffit que l'une des deux au moins soit fécondée pour qu'il y ait des œufs, puis des oisillons à élever par les deux femelles. Les femelles de goélands argentés (*Larus argentatus*) se montrent même assez fidèles pour nidifier ensemble d'une année sur l'autre.

Des trios parentaux bisexuels sont également observés chez de nombreuses espèces, notamment chez les huîtriers pies (*Haematopus ostralegus*), des oiseaux de nos littoraux. Deux femelles composent leur

> **LA NOTE DU NATURALISTE**
>
> **LES DEUX PAPAS PAPOUS**
>
> Dans un zoo de Sydney, deux mâles manchots papous (*Pygoscelis papua*) se sont mis en couple. Après un certain temps, ils se sont mis à fabriquer un nid. Mais où trouver de quoi fonder une petite famille ? Les gardiens du zoo leur ont offert un œuf factice, et les deux oiseaux se sont mis à le couver.
>
> Cette espèce étant capable de pondre plusieurs œufs mais de n'élever qu'un petit, les soigneurs ont alors décidé de leur offrir un véritable œuf surnuméraire provenant d'une nichée hétéro. Ainsi, les deux amoureux ont pu couver, faire naître et élever l'oisillon, ce qui n'a en rien entravé ou modifié son développement et son comportement.

association, et s'accouplent aussi bien entre elles qu'avec le mâle. Et pour défendre la nichée, un trouple sera toujours plus fort qu'un couple ! L'homoparentalité a été observée chez des femelles grizzlis, sans que des rapports sexuels aient été forcément notés. Chaque ourse allaite les petits de sa consœur comme les siens, chacune s'occupe de tous. Le résultat est positif, car la survie des jeunes est supérieure lorsqu'il y a deux mères.

Décidément, le slogan « Un papa, une maman » des anciennes manifs homophobes ne tient pas la route face aux réalités de la nature.

Et chez les humains, justement ? Bien sûr, le fait d'être adopté peut poser à un enfant la question de son origine, mais ce problème n'est pas lié à l'homosexualité des parents. Par ailleurs, des centaines d'études menées aux États-Unis, au Canada ou en Europe montrent qu'il n'y a pas de différence notable avec les familles hétéroparentales. Certaines révèlent même que les enfants de couples homos présenteraient moins de problèmes psychologiques que ceux de couples hétéros. En effet, les parents hétérosexuels ne sont pas automatiquement des modèles, et quelle que soit la formule parentale, des enfants bien-aimés ont plus de chances de s'épanouir que des enfants négligés et maltraités par une famille instable ou absente. Sans prétendre que les couples gays ou lesbiens soient meilleurs que les autres, on peut supposer que s'ils ont des enfants, c'est parce qu'ils les ont particulièrement désirés, et qu'ils les entourent *a priori* de suffisamment d'amour pour leur permettre de grandir dans de bonnes conditions. Quant au modèle sexuel parental qui pourrait influencer la sexualité des enfants, on peut rappeler deux choses : presque tous les homosexuels ont eu des parents hétérosexuels ; craindre qu'un enfant devienne homo relève, là encore, de l'homophobie.

L'HOMOSEXUALITÉ À L'ÉPREUVE DE L'ÉVOLUTION

Si l'on scrute l'homosexualité sous l'angle darwinien de l'évolution des espèces, des questions se posent : quel peut bien être l'avantage adaptatif d'une pratique qui n'a pas d'enjeu reproductif, et pourquoi persiste-t-elle ? Le chercheur Bruce Bagemihl a émis l'hypothèse de la débordante « exubérance biologique » du monde (voir p. 26). La persistance d'un comportement vient peut-être aussi du fait qu'il

Pour les guenons, les relations sexuelles entre les femelles sont plus tendres qu'avec les mâles

ne gêne en rien l'évolution d'une espèce : il n'a pas été sélectionné, mais pas rejeté non plus. Comparé à un trait anatomique, cette persistance est semblable à celle des tétons des mammifères mâles : ils ne sont pas nécessaires, mais pas handicapants non plus, et ils continuent d'être présents. De plus, ils peuvent être source de plaisir, du moins chez certains hommes.

Parmi les autres hypothèses avancées pour expliquer la persistance de l'homosexualité, celle de Joan Roughgarden[1], professeure de biologie à l'université de Stanford, en Californie, voit dans les rapports homosexuels un moyen parmi d'autres de maintenir des contacts intimes au sein du groupe, ce qui construit une véritable stabilité sociale à long terme. Cela ne concerne pas des espèces solitaires comme le putois (*Mustela putorius*), mais se vérifie chez les dauphins et les singes. Des études de terrain[2] montrent qu'après une relation homosexuelle, le taux d'ocytocine augmente dans l'urine des guenons, alors qu'il reste stable après un contact hétéro. Elles sont donc plus sensibles aux rapports avec le même sexe ! Chez les orangs-outans, les relations lesbiennes sont beaucoup plus douces que les hétérosexuelles, accompagnées de toilettages et de baisers tendres.

Enfin, gardons à l'esprit que la diversité des comportements est aussi nécessaire à la survie des espèces que la diversité génétique, les deux étant d'ailleurs souvent liées. Face aux contraintes d'un environnement changeant, la flexibilité comportementale permet différentes réponses, dont une ou plusieurs pourront ouvrir la voie de la survie. La diversité est l'une des clés majeures du succès de l'évolution, et la diversité sexuelle en fait partie. La réussite des nichées d'oiseaux gays ou des portées d'ourses grizzlis n'en est qu'un exemple.

Les comportements homosexuels ont sans doute plusieurs explications, mais une chose est sûre : ils n'ont pas été

---
1. Joan Roughgarden, Evolution rainbow, op. cit.
2. Liza Moscovice et al. *(2019)* ; Elisabetta Palagi et al. *(2020)*.

rejetés par la sélection naturelle, ils font du bien à celles et ceux qui les pratiquent, et ils gardent toute leur place dans la fantastique variété de mœurs des humains et des autres animaux.

TOUS BIS DE BASE

Si les comportements homosexuels sont courants dans la nature, les cas d'homosexualité stricte sont plus rares. En fait, la plupart des espèces sont bisexuelles. Imaginez que vous puissiez doubler votre territoire de séduction : n'est-ce pas là une promesse des plus motivantes ?

Nos mouettes gays ou lesbiennes ont élevé ensemble des petits, mais ça n'est pas un comportement constant. À la saison des amours suivante, il est tout à fait possible que les rôles changent et que ces mêmes mâles ou femelles s'apparient avec le sexe opposé. Des couples de dauphins gays forment des alliances plus durables que les relations hétérosexuelles : ils chassent ensemble, mais peuvent aussi accaparer une femelle contre des rivaux, tout en gardant des comportements homosexuels : en fait, eux aussi sont bis.

La bisexualité est donc en réalité tout à fait banale, et notre espèce est largement concernée. Lorsque nous sommes enfants, nous ne faisons pas de distinction de genre* (voir « Nom de nom », p. 160). Notre jeune psychisme est bisexuel et nos amours naissantes s'orientent autant vers un sexe que vers l'autre : cela fait partie de notre développement. Au cours du temps, certains se tourneront davantage vers l'un des deux sexes, tandis que d'autres seront toujours attirés par les deux, avec ou non une préférence, tout étant une question de curseur. Certains individus tombent amoureux d'une personnalité avant d'être séduits par un genre, trouvant des sensations différentes chez l'un ou l'autre : chacun son choix !

BON À SAVOIR

Munich s'engage
Afin de promouvoir la tolérance envers les personnes LGBTQIA+, le zoo de Munich, en Allemagne, a organisé en 2019 une visite innovante pour expliquer combien les comportements homo-érotiques sont naturels. On y montre notamment des girafes bisexuelles dont les interactions sexuelles sont à 90 % de nature homosexuelle, d'après leur soigneur.

BINAIRE, MOI ?

La binarité de genre* (voir « Nom de nom », p. 160), ou genrisme, est basée sur la séparation de deux éléments s'excluant l'un l'autre. Dans ce système, un individu est donc soit mâle, soit femelle. Pourtant, la nature n'offre pas toujours des frontières aussi catégoriques, et de nombreux exemples nous démontrent à quel point une stricte différenciation mâle/femelle est loin d'être la norme.

DES POULES À CRÊTE

Des libellules femelles peuvent arborer les mêmes couleurs que les mâles, ce qui trouble leur identification. Les maxillaires des juments dites bréhaignes portent des crocs, ou crochets, qui sont en principe les attributs des mâles. Le genre des oiseaux étant souvent impossible à identifier à la vue, on suppose que la détermination est possible au cours de l'accouplement, car c'est le mâle qui monte la femelle. Dans les faits, on constate que chez des oiseaux comme les pigeons, les grèbes et bien d'autres, c'est occasionnellement la femelle qui grimpe sur le mâle.

Même quand les apparences sont binaires, la frontière mâle/femelle est parfois floue, et jusqu'au niveau organique. Les crapauds mâles (*Bufo* sp.) possèdent un organe de Bidder, une structure ovarienne non fonctionnelle accolée aux testicules, qui leur confère un hermaphrodisme embryonnaire. Si un mâle était castré, cet organe se développerait en ovaires. La même porosité entre les deux sexes existe chez les oiselles dont un seul ovaire est fonctionnel : avec l'âge, une poule peut voir son ovaire non développé se transformer en pseudo-testicule. Sa crête pousse, et elle se risque à des cocoricos… coquins. Au Moyen Âge, on brûlait ces pauvres poules, mais le diable n'y est pour rien.

DES POISSONS TRANSSEXUELS

Chez certains animaux, la transsexualité* (voir p. 173) est programmée. 10 % des espèces de poissons sont transsexuelles : en général, tous les représentants de ces espèces changent de sexe une fois au cours de leur vie. Les mérous bruns (*Epinephelus marginatus*) naissent tous

Hermaphrodite alternatif ou simultané ?

5 % des espèces animales sont hermaphrodites, c'est-à-dire que les individus peuvent être mâles *et* femelles, mâles *puis* femelles, ou femelles *puis* mâles. Tout est possible ! Mais si l'on exclut les insectes, majoritairement à sexes séparés, l'hermaphrodisme totalise 30 % des espèces ! Certains, comme les escargots (voir p. 128), ont toute leur existence les deux sexes en même temps, ce sont des **hermaphrodites simultanés**. L'avantage reproductif est évident : chaque rencontre peut provoquer un accouplement et la fécondation de deux individus, qui produisent chacun une descendance. D'autres hermaphrodites changent de sexe au cours de leur vie, comme les huîtres plates ou les mérous (voir ci-dessous). Ils sont dits **hermaphrodites successifs, ou transsexuels**. Les vers de terre sont des hermaphrodites particuliers : leur organe mâle se développe en premier, et ils commencent leur relation par un accouplement homosexuel tête-bêche. Leur appareil génital féminin mûrit pendant l'acte, et ils forment alors ce qu'on pourrait appeler un 138 : un double 69 !

femelles et deviennent tous mâles entre 9 et 12 ans : leurs ovaires cèdent la place à des testicules. Un magnifique poisson de nos régions, la girelle paon (*Thalassoma pavo*), est lui aussi capable de transsexualité, même si ça n'est pas systématique, car il naît des mâles comme des femelles : certaines femelles peuvent devenir des mâles et changer d'apparence (voir dessin p. 156).

D'autres poissons ne changent de sexe que selon les circonstances, comme les demoiselles à trois bandes noires (*Dascyllus aruanus*). Ces demoiselles vivent en harems composés de femelles et d'un seul mâle, qui inhibe l'évolution des autres. Mais si celui-ci disparaît, la femelle la plus grande se transforme et le remplace. Un tel réajustement en fonction des autres se rencontre chez les huîtres plates, ou belons (*Ostrea edulis*). Elles commencent toutes leur vie à l'état de mâle. Arrivées à maturité, elles se féminisent et émettent des phéromones pour empêcher les copains d'en faire autant, ce qui maintient un nombre

Le mérou naît femelle et termine mâle.

suffisant de mâles. Ainsi, l'équilibre est préservé dans une population. Pour le réajuster, les huîtres changent de sexe à chaque fois que c'est nécessaire. Un gobie des récifs des Caraïbes (*Byaninops yongei*) se transforme lui aussi en fonction des congénères qu'il croise : il s'adapte pour former un couple hétéro, quel que soit le sexe du partenaire rencontré[1].

LA NOTE DU NATURALISTE

PAPILLONS GYNANDROMORPHES

Les amateurs de papillons aiment trouver les insectes rares et particuliers que sont les gynandromorphes. Du grec *gyn*, « femelle », *andro*, « mâle » et *morphe*, « forme », le mot indique que de tels papillons présentent les caractéristiques des deux sexes. Dans les espèces où la différence est frappante, le mélange des deux l'est aussi : certains insectes portent une aile gauche et une aile droite tellement dissemblables qu'ils ne peuvent pas voler droit. Ils ont le corps divisé symétriquement en **gynandromorphisme bilatéral**, mais d'autres espèces animales peuvent présenter un **gynandromorphisme en mosaïque**, où les parties mâles et femelles sont disposées de façon aléatoire.

Ce papillon des Philippines a un côté femelle et un côté mâle.

Il s'agit dans les deux cas d'une anomalie génétique individuelleet rare, et non d'un développement habituel d'animaux qui seraient tous hermaphrodites* (voir « Nom de nom, p. 169).

---

1. Jacques Bruslé et Jean-Pierre Quignard, Pas si bêtes les poissons, op. cit.

HERMAPHRODITES SOUS INFLUENCES

Issu de l'union d'Hermès avec Aphrodite, le dieu Hermaphrodite appartient à la mythologie grecque, et sa beauté troublante a été célébrée par de nombreux artistes. Dans la réalité, certains humains naissent avec des organes génitaux difficiles à déterminer, car la différenciation au cours de leur développement embryonnaire n'a pas été totale. On parle alors d'intersexuation.

Si le changement de sexe est tout à fait naturel et normal chez de nombreuses espèces animales, on peut soupçonner les divers produits chimiques (notamment les médicaments contenant des hormones, comme la pilule contraceptive) déversés par les activités humaines de perturber des fonctionnements biologiques : on a ainsi observé l'augmentation des flets (*Platichthys flesus*) mâles transsexuels en baie de Seine. Des grenouilles changent de sexe et des mâles deviennent femelles quand les polluants sont trop nombreux. Nous pouvons ici pointer du doigt le PCB, isolant électrique qui se retrouve en grande quantité dans l'eau et qui est fixé dans la graisse des poissons carnivores. Il va sans dire que de gros enjeux industriels et financiers freinent l'information, mais les publications scientifiques se multiplient, sur les humains comme sur les autres animaux. Les espèces aquatiques, poissons, amphibiens ou reptiles, sont particulièrement impactées.

Les endocrinologues, spécialistes des hormones, pointent également du doigt les perturbateurs endocriniens contenant des œstrogènes présents, par exemple, dans les plastiques et les pesticides. Ces facteurs environnementaux seraient clairement impliqués dans les troubles de l'évolution embryonnaire ainsi qu'au cours du développement pubertaire humain et animal.

D'après l'Organisation mondiale de la santé, ces molécules chimiques seraient impliquées dans des cas de cryptorchidie (défaut de migration de l'un ou des deux testicules vers les bourses). Ils sont également incriminés dans des cancers, tels que celui du sein ou de la prostate. La thyroïde, glande majeure du développement cérébral, en paye le prix fort, et l'hyperactivité des enfants serait en partie liée à la présence de ces substances dans l'environnement.

Les phtalates contenus dans les emballages alimentaires sont bien plus dangereux pour la santé, tout comme le triclosan contenu dans la majorité des dentifrices, ou encore le bisphénol A, qui a enfin été interdit en 2015. Produits ménagers non écologiques, cosmétiques chimiques, y compris en puériculture, contiennent des perturbateurs endocriniens. Les produits de nos industries impactent notre santé et notre sexualité.

T COMME TRANSGENRES

CHANGER DE GENRE

Nous l'avons vu dans la différence entre sexe* et genre* (voir « Nom de nom », p. 160), le genre se réfère à l'identité sexuelle et non uniquement au sexe biologique. Certains animaux changent de sexe au cours de leur existence, une à plusieurs fois, et cela fait partie du cycle de vie de chaque individu d'une espèce donnée. Mais il existe également des animaux transgenres, qui ont le corps d'un genre mais le comportement de l'autre.

Dans son livre *Différents*[1], Frans de Waal relate la vie de Donna, une femelle de chimpanzé aux attitudes typiquement masculines. Donna se bagarrait avec les mâles, y compris le dominant qui ne jouait habituellement pas avec les femelles. En grandissant, elle a pris une silhouette et des traits robustes de mâle. Elle avait des organes génitaux féminins, mais pas très développés, qui n'étaient pas aussi gonflés que les autres femelles pendant les chaleurs. Donna n'a jamais attiré les mâles et ne s'est jamais accouplée. Elle était toujours de bonne humeur, sauf pendant ses règles, paradoxalement très abondantes. Tout cela ne lui posait aucun problème social, car elle était parfaitement admise par ses congénères. Un bel exemple de tolérance...

Les humains qui ne se sentent pas en cohésion avec leurs organes génitaux de naissance peuvent, au prix d'opérations chirurgicales et de traitements lourds, changer de sexe physiquement. Leur chemin sera alors parcouru de nombreuses formalités administratives essentielles à leur changement d'état civil. Mais pour d'autres, point n'est besoin de modifications physiques pour emprunter les codes de l'autre genre : c'est la différence entre transsexuel* et transgenre* (voir « Nom de nom », p. 174).

---

1. *Frans de Waal*, op. cit.

« TRANSSEXUALITÉ » : UN MOT DÉSUET POUR LES HUMAINS

Si la transsexualité naturelle et programmée de certaines espèces n'est pas le « transgenrisme », inversement chez les humains, le mot « transsexualité » est dépassé, car il ne décrit pas la réalité du changement de genre. C'est pourtant ce mot qu'on utilise, parfois à tort, notamment au sein du corps médical, pour désigner une personne transgenre. Pourtant, le transgenrisme, le fait de changer de genre ou d'identité sexuelle, n'implique pas forcément une opération chirurgicale pour changer de sexe (ce qu'on nomme « réassignation génitale »). Une femme trans peut donc avoir un pénis ; et un homme trans peut posséder un clitoris aussi bien qu'un *dicklit* (ou phalloris) : un grand clitoris qui a poussé sous l'effet des androgènes (voir p. 110) et qui ressemble à un pénis de petite taille.

Hermaphrodite endormi, sculpture du IIe siècle trouvée à Rome (musée du Louvre).

C'est pas mon genre !

La **transidentité** est la conviction profonde que notre genre* (voir « Nom de nom », p. 160) de naissance n'est pas adapté à ce que l'on est au fond de soi. En grandissant, le corps d'enfant poursuit son évolution vers un corps d'adulte dans son sexe de naissance, avec l'apparition de caractères sexuels secondaires. Le psychisme, quant à lui, peut évoluer dans l'autre genre, ce qui génère un conflit interne profond que l'on nomme la **dysphorie de genre.**

LA NOTE DE LA SEXOLOGUE

TRANSGENRE : UN TERRAIN SENSIBLE

En consultation, c'est parfaitement net : une personne transgenre* n'appartient pas à son sexe de naissance. Cela peut être compliqué à comprendre pour les personnes nées dans un corps compatible avec leur genre* psychique. L'entourage proche, bien que régulièrement dans le déni, n'est pas fondamentalement dans l'ignorance lorsque l'on commence à gratter un peu sous les apparences. En effet, les personnes transgenres le sont depuis l'enfance, avant même la puberté. Cette étape de la vie leur est souvent pénible.
Heureusement, la médecine peut aider ces personnes en grande souffrance morale. Elle propose aujourd'hui des traitements de substitution hormonale très performants, mais aussi des techniques de pointe de chirurgie de réassignation pour celles qui désirent aller plus loin. Néanmoins, tout cela n'est pas exempt d'effets secondaires parfois difficiles à supporter. Malheureusement, il demeure encore trop peu de praticiens formés convenablement à soigner et aider ces patients. Cela éviterait bon nombre d'écueils, comme l'achat d'hormones sur Internet ou des interventions esthético-chirurgicales au mieux ratées, au pire létales.
C'est pourquoi l'accompagnement psychologique des personnes transgenres et de leurs proches devrait être un droit, une proposition gratuite.
Au quotidien, sachez que demander à une personne transgenre ce qu'elle a dans la culotte est aussi malvenu que de demander à votre voisin ou voisine la taille de son pénis ou de son clitoris. À bon entendeur : si vous n'êtes pas son amoureux ou amoureuse, vous n'êtes pas concerné·e par ses organes génitaux : abstenez-vous donc de cette curiosité mal placée.

BÊTES DE SEXE **IL Y EN A POUR TOUS LES GENRES**

L'AMOUR EN GROUPE

À PLUS DE DOUZE, C'EST UNE PARTOUZE !

De nombreux animaux marins se reproduisent en groupe : après stimulations chimiques, ils fertilisent tous ensemble leurs gamètes* (voir « Nom de nom », p. 19), mais il s'agit de fécondation externe. Parmi les espèces qui s'unissent sexuellement, certaines commencent par se rassembler pour le grand show du rut. Chez des oiseaux ou des chauves-souris, il existe des plateformes de parades collectives, les leks, comparables à nos boîtes de nuit. Les mâles friment et dansent devant les femelles, qui jugent et font leur choix. Les heureux sélectionnés s'accouplent avec une ou plusieurs partenaires, souvent un bon nombre, tandis que les autres font banquette.

Les pratiques sexuelles des dauphins pourraient bien être encore plus diversifiées que celles des bonobos.

175

Pour une espèce grégaire, le groupe est parfois un stimulus pour l'accouplement. En zoo, il a fallu poser des miroirs pour inciter des flamants roses (*Phoenicopterus roseus*) à s'accoupler, car ils étaient trop peu nombreux et avaient besoin de se sentir entourés par une troupe suffisante.

Cependant, des animaux solitaires peuvent eux aussi se regrouper pour la reproduction. Ainsi, on trouve souvent des nœuds de vipères (*Vipera* sp.) qui peuvent rassembler 7 mâles autour d'une même femelle. En Amérique du Nord, les serpents-jarretières (*Thamnophis sirtalis*) sortent ensemble de l'hibernation, avant le dégel complet, et forment des masses grouillantes propres à faire hurler les phobiques. Parvenir jusqu'à une femelle au milieu des rivaux est un véritable challenge pour les nombreux mâles, et certains d'entre eux, très féminisés (voir p. 159), parviennent à déjouer la surveillance des gros costauds grâce à leur mimétisme.

==== NOM DE NOM ====

Polygynes et polyandres : tous polygames !

Au contraire de la monogamie, la **polygamie** est le fait d'avoir plusieurs partenaires (du grec *polus*, « beaucoup », et *gamos*, « mariage »), mais le mot ne précise pas de quel sexe il s'agit.

La **polygynie** désigne des unions avec plusieurs femelles, la **polyandrie** avec plusieurs mâles.

Chez de nombreuses espèces, les mâles comme les femelles s'accouplent avec plusieurs partenaires : tous polygames ?

LE PACHA ET SON HAREM

Si les femelles sont généralement volages (voir p. 129), les mâles ne sont pas en reste. La plupart multiplient les partenaires, tour à tour ou en même temps. Dans ce dernier cas, ils ont alors des harems, dont ils doivent éloigner leurs rivaux envieux. Et plus le harem est fourni, plus le pacha est gros. L'éléphant de mer (*Mirounga* sp.), qui surveille jusqu'à 300 femelles à la fois, atteint 3 à 5 tonnes, alors que ses délicates dulcinées ne pèsent que 350 à 800 kilos. L'enjeu est de taille, et les combats entre rivaux sont sanglants.

Ces rassemblements n'ont généralement lieu que pendant la période de reproduction. Au cours du brame, le cerf (*Cervus elaphus*) qui a gagné les affrontements contre les autres mâles va saillir les biches de son harem nouvellement conquis, mais le reste de l'année les sexes sont séparés. Habituellement, le mâle ne garde ni ne protège les femelles, qui sont regroupées en hardes de biches accompagnées de leurs faons.

> **LA NOTE DU NATURALISTE**
>
> **LA JALOUSIE DU LÉZARD**
> Les lézards des murailles (*Podarcis muralis*) de nos climats sont faciles à observer sur les murs de pierre ensoleillés. Parfois, on peut remarquer un mâle (reconnaissable aux dessins anarchiques de ses flancs), aux côtés de femelles (dont les lignes claires sont mieux dessinées). Ce gros jaloux est en train de surveiller les femelles de son harem dans une posture appelée *guarding behavior* (« comportement de gardiennage »), ou *mate guarding* (« gardiennage du conjoint »).

POLYGAMES ET POLYAMOUREUX

Bien entendu, chez l'humain aussi, l'amour de groupe s'expérimente, et sous plusieurs formes. Toutes les nuances sont possibles, du purement sexuel, comme dans les pratiques orgiaques, jusqu'aux polyamoureux, ces personnes qui sont en relation romantique et/ou sexuelle avec plusieurs individus.

Ces pratiques ne sont pas officialisables en Europe, où le mariage ne peut se consentir qu'entre deux personnes. Pourtant, il était tout à fait admis que les rois français aient des favorites, dont le rôle était de leur prodiguer des plaisirs sensuels. Si ces dernières n'étaient pas considérées comme des prostituées, la tolérance n'allait pas jusqu'à leur permettre de monter sur le trône. Seule la reine, femme officielle du roi, avait cette faveur et ce rang politique.

Il est d'autres pays où il existe des harems, « harem » désignant un gynécée d'épouses et de maîtresses officielles d'un notable.

Un tiers de la population mondiale pratique aujourd'hui la polygynie*, et on ne dénombre qu'une petite dizaine de tribus pratiquant la polyandrie* (voir « Nom de Nom », p. 176), comme chez les Mosuo de Chine ou en République démocratique du Congo.

L'avantage de la polygamie* (voir « Nom de nom », p. 176) et de la polyandrie est que plusieurs parents peuvent s'occuper des descendants, qui bénéficient de davantage de soins et d'attention : cela permet de mieux perpétuer l'espèce.

Le mode de vie polyamoureux est assez diversifié. Les polyamoureux·ses tissent un lien fort avec leurs amoureux·ses et utilisent leur propre vocabulaire pour donner une place à tous. Par exemple, lorsque deux polyamoureux·ses se rencontrent, leurs partenaires de cœur respectifs, nommés les métas, peuvent se rencontrer aussi et tisser des liens… voire plus si affinités. Le polyamour peut suivre toutes les orientations sexuelles et posséder un éventail multiple de genres.

SEXE ET PARENTALITÉ

FAISONS LE LIEN SUR LES LIAISONS

Depuis quand connaît-on le lien entre sexe et procréation ? Apparue il y a 300 000 ans, notre espèce, *Homo sapiens*, disposait à coup sûr des mêmes capacités cognitives qu'aujourd'hui. Rien n'indique donc qu'elle n'ait pas eu la conscience de procréer. Mais les signes tangibles de cette connaissance ne foisonnent pas, et cela dépend énormément des régions du monde, des croyances et des cultures. Bien entendu, nous ne parlons pas ici de la pleine connaissance scientifique de l'ovule fécondé par le spermatozoïde, mais de la contribution masculine dans le fait d'avoir ou non des enfants. Cela s'est probablement articulé autour de l'observation des animaux, ou du constat que les femmes sans homme n'avaient pas de bébé.

Quant aux animaux, aucune assertion n'a été clairement établie sur le sujet, et les scientifiques présupposent qu'il s'agit d'instinct et non de conscience d'un lien entre accouplement et reproduction. Néanmoins, les animaux n'étant pas des machines et leur intelligence n'étant encore que peu explorée, avouons que nous en savons encore trop peu sur eux pour trancher.

QUAND LA NATURE LIMITE LA REPRODUCTION

Qu'ils aient conscience ou non du lien entre sexualité et reproduction, les animaux bénéficient de moyens de contraception, ou plutôt de régulation. Il existe un contrôle des naissances « automatique » chez certaines espèces, notamment en cas de famine ou de prolifération. Quand les souris pullulent, les femelles ont le vagin clos.
D'autre part, on s'est aperçu que chez plusieurs prédateurs étudiés, le manque de proie entraîne une stérilisation momentanée des femelles. Ainsi du lynx du Canada (*Lynx canadensis*) lorsque les lièvres (*Lepus americanus*) manquent ou, sous nos contrées, des belettes (*Mustela nivalis*), quand les campagnols se font rares. C'est l'un des mécanismes de l'équilibre naturel : le nombre de proies régule celui de leurs prédateurs. En cas de pullulation de campagnols, les carnivores se multiplient aussi et limitent les populations.
Des plantes abortives peuvent également être consommées, aussi bien par des animaux comme les chauves-souris ou les éléphantes[1] que par des ethnies encore proches de la nature – ainsi est-il déconseillé de se risquer à des tisanes sans connaître leurs effets ! Aujourd'hui, 99 % de notre médication sexuelle est destinée à éviter une grossesse !

CONTRACEPTION PLUTÔT QUE CONCEPTION

Avec la nouvelle génération, qui se demande comment s'accomplir en dehors de la maternité, de nombreux groupes *childfree* se créent pour ouvrir les mentalités à d'autres réalisations de soi que l'enfantement. Dans ce domaine également, l'égalité des sexes n'est pas encore atteinte, la contraception ne regardant quasi exclusivement que les femmes. Sur quelques dates clés relatives à la contraception, ces dernières ne concernent que les femmes, à l'exception de la loi de 2021 autorisant la vasectomie en France. Peut mieux faire…

---
1. Yolaine de La Bigne *(sous la direction de)*, L'Animal médecin, *Alisio Sciences, 2022.*

> **BON À SAVOIR**

Les premiers **préservatifs** datent du XIIᵉ siècle, et leur efficacité était aussi fantaisiste que la matière dont ils étaient composés : vessies de chèvre, appendices d'animaux, fourreaux en cuir... et même écailles de tortue en Chine ! Nous ne remercierons jamais assez le chimiste Goodyear, inventeur du caoutchouc, qui, dès 1880, a remplacé ces matériaux par du latex.

LES ASEXUELS

CALME PLAT DANS LES MONTAGNES

Les animaux qui ne pratiquent pas de sexualité existent, notamment les insectes sociaux, comme les fourmis ou les abeilles. Celles que nous voyons évoluer dans la nature appartiennent presque toujours à la caste des ouvrières, c'est-à-dire des femelles stériles, chimiquement castrées par les phéromones des larves et de la reine, qui inhibent le développement de leurs ovaires. Leur tube de ponte ne servant plus à la reproduction s'est transformé en dard, organe typique des femelles contraintes à l'abstinence sexuelle, au service de la collectivité.

Très étudiés dans les années 1970[1], les mouflons canadiens (*Ovis canadensis*) des montagnes Rocheuses forment des sociétés majoritairement gays, où un grand nombre de mâles ignorent les brebis. Tout au long de l'année, ces béliers se papouillent, se lèchent le pénis et se pénètrent jusqu'à éjaculer. Parallèlement à ces groupes homosexuels existent aussi des mâles « efféminés », qui eux vivent avec les femelles, les imitent, urinent dans la même posture et refusent les avances des mâles avec les mêmes attitudes qu'elles. Mais ils ne s'accouplent pas non plus avec les brebis : ils sont asexuels.

---

1. *Valerius Geist*, Mountain Sheep and Man in the Northern Wilds, *Cornell University Press, 1975.*

LE SEXE, ÇA N'EST PAS OBLIGATOIRE

Chez l'être humain, les asexuels sont des personnes qui ne ressentent pas le besoin d'être en contact sexuel avec d'autres partenaires. Ils peuvent ou non avoir des pratiques solitaires, mais, la majorité du temps, ils n'éprouvent tout simplement pas de besoin sexuel. Cela n'exclut pas les relations romantiques. En effet, la séparation entre amour génital et amour sentimental est nette chez ces personnes. Aimer est possible, mais le sexe ne les intéresse pas.

Attention à ne pas confondre l'asexualité et ce que les sexologues appellent le « trouble du désir ». Si ce dernier est une pathologie qui cause de la souffrance, l'asexualité est un mode de vie choisi et assumé.

LA NOTE DE LA SEXOLOGUE

QU'EST-CE QUE LA SAPIOPHILIE ?

La **sapiophilie**, ou la **sapiosexualité**, est le fait de privilégier le cerveau, l'intelligence et tous les processus cognitifs supérieurs dans la rencontre amoureuse. C'est littéralement tomber amoureux.se du cerveau de quelqu'un ! Cela n'inclut pas systématiquement de relations sexuelles avec cette personne, cela ne les exclut pas non plus. La relation sapiophile sera alors soit romantique, soit sexuelle, soit les deux, mais toujours axée sur l'intellect. Bref, sapiophilosophique !

« Quoi qu'on en dise, en rendant la tendresse plus familière, les animaux m'ont appris à mieux aimer les hommes. »

François NOURISSIER

Le toilettage social (ici entre chimpanzés) est, avec la sexualité et les soins parentaux, l'un des supports de la tendresse.

AU-DELÀ DU SEXE

Dès le début de ce livre, nous avons vu que nous, humains, avons de l'animal en nous : normal, nous *sommes* des animaux ! De leur côté, les autres animaux montrent de l'humain en eux : normal, nous *sommes de même nature* ! Que nous a enseigné ce va-et-vient comparatif entre eux et nous ? Que la nature est prodigieusement imaginative, et que nos comportements sexuels les plus excentriques sont finalement bien sages comparés à la foisonnante diversité amoureuse de nos voisins de planète. De quoi en rassurer beaucoup !

VIVE LA DIFFÉRENCE !

Dans le domaine du sexe comme dans tant d'autres, notre espèce a montré un orgueil démesuré qui l'a rendue aveugle à tout ce qui n'était pas elle. Cela a eu des conséquences dévastatrices sur certaines cultures, sur des individus aux mœurs sexuelles minoritaires, sur le sexe dit faible et, bien sûr, sur les autres espèces[1]. Entièrement préoccupé par ses sentiments et son propre plaisir, l'humain s'est longtemps désintéressé de la sexualité des animaux.

Par bonheur, le carcan des préjugés a en partie éclaté. Nous savons aujourd'hui que les animaux ont un monde à eux, un désir de vivre, avec des plaisirs et des déplaisirs. Cette faculté, admise aujourd'hui

---

1. Ce sentiment de supériorité persiste dans des milieux extrémistes, souvent violents, comme les suprémacistes blancs.

scientifiquement et éthiquement, s'appelle la sentience. Bien sûr, les animaux non humains vivent également d'instinct et de pulsions, mais nous aussi : nous l'avons vu, par exemple, avec l'influence puissante des parfums ou des hormones* sur notre comportement. De toute façon, nous sommes *tous* des êtres profondément émotionnels, car nous appartenons *tous* au règne animal, que nous soyons humain, chien, chat, vache, mouche, poisson ou papillon. Certes, nous ne pouvons pas nous mettre à la place des animaux, mais pourquoi les croire incapables d'éprouver du plaisir et de la tendresse, voire de tomber amoureux ?

NOUS, ANIMAUX AIMANTS

Le jeune humain a besoin de stimulations et de tendresse pour pouvoir se développer normalement. Le psychologue René Spitz s'est rendu compte que des enfants séparés de leurs parents sur de longues périodes d'hospitalisation régressaient et présentaient d'inquiétants symptômes en lien avec la privation d'affection. Ce mal s'appelle l'hospitalisme, et il ne concerne pas que les humains.

Les expériences menées sur de jeunes macaques rhésus par Harry Harlow, psychologue également, consistaient à priver les petits singes de leur maman en les isolant dans des cages. Devant les symptômes de régression mentale des jeunes primates, il en conclut que la mère n'avait pas pour unique fonction le nourrissage, mais que l'éducation et la stimulation affective maternelle jouaient un rôle crucial dans le bien-être de l'enfant. L'expérience était éloquente : entre une fausse mère en métal qui fournissait du lait et une peluche sans nourriture mais douce et chauffée, les bébés s'accrochaient à cette dernière. Malgré leur cruauté, ces expérimentations ont contribué à mettre fin aux pratiques d'éducation très froides et délétères encore très prisées à la fin des années 1950. Depuis, nous avons mis en évidence d'autres exemples de l'importance du lien affectif. Les chatons sevrés trop tôt conservent des caractéristiques d'autotétage compulsif. Les jeunes cervidés, quant à eux, se retrouvent incapables de survivre sans l'accompagnement protecteur d'un proche de leur espèce. Les interactions sociales et affectives sont fondamentales et, selon la complexité du système nerveux d'une espèce, elles transmettent connaissances et équilibre à l'individu. Le sexe est une de ces interactions, avec parfois sa part intense de tendresse.

LE POUVOIR DES LIENS AFFECTIFS

Sans caresses, tendresse, reconnaissance, complicité et partage, il ne peut se tisser de lien fort et durable. Depuis notre premier cri jusqu'à notre dernier souffle, le toucher, la bienveillance et l'amour sont nos carburants sur le chemin de l'existence. Ils le sont aussi pour nombre d'autres animaux, au moins parmi les mammifères, car eux aussi prennent soin de leurs petits. Même les plus solitaires commencent leur vie sous la protection de soins maternels attentifs qui leur permettront de s'épanouir, et qui sont sans doute la clé des relations émotionnelles. Chez les animaux vivant en société, le regroupement n'a pas pour unique effet de renforcer la sécurité de chacun, et d'autres liens se nouent entre les individus, des affinités qui ressemblent beaucoup à ce qu'on qualifie d'amitié chez les humains. Nous observons aussi des attachements fusionnels chez des vaches ou des chevaux adultes, et de véritables déprimes lorsque l'être aimé disparaît. Le lien affectif semble bien faire partie des plans de l'évolution !

Un attachement émotionnel fort est possible entre espèces différentes, comme nous le vivons au quotidien avec nos animaux familiers, pour ne pas dire familiaux : quand ils se regardent dans les yeux, l'humain et le chien sécrètent tous deux de l'ocytocine.

LE MIROIR QUI REFLÈTE L'AUTRE

L'un des mécanismes du lien est logé au sein de notre boîte crânienne, il s'agit de cellules nerveuses très spéciales : les neurones miroirs. Ils tiennent leur nom du phénomène de « réflexion » qui les caractérise : que l'on fasse quelque chose soi-même ou que l'on observe quelqu'un d'autre le faire, ces neurones s'activent. Ils agissent comme un miroir entre l'observateur et l'acteur regardé, et ils fonctionnent également sous l'effet de l'imagination – lorsqu'on se représente mentalement en train de faire quelque chose.

Ces neurones spécifiques ont permis au primatologue Frans de Waal, inspiré des découvertes pionnières de l'équipe de Giacomo Rizzolatti, de l'université de Parme, de mettre en évidence et de médiatiser la notion d'empathie. En effet, ils nous permettent de ressentir des émotions issues de nos observations : voir souffrir quelqu'un, par exemple, active ces neurones, qui nous font éprouver cette souffrance et, si nous sommes bienveillants, nous pousse instinctivement à faire preuve de compassion et lui venir en aide[1].

Le cerveau étant un organe extrêmement complexe, tant dans son organisation que dans sa fonction, les neurones miroirs à eux seuls ne permettent pas d'expliquer totalement le phénomène d'empathie. Néanmoins, ils en sont un maillon essentiel. Et contrairement aux idées reçues, nous partageons ces neurones avec de nombreuses espèces animales : chien, chat, oiseaux, rat, primates... et les recherches sur nos discrets amis les poissons, tendent à prouver également leur existence chez eux.

La faculté d'empathie agit dans le domaine affectif, mais aussi sexuel. Si vous imaginez embrasser le sex-symbol de vos rêves, vos neurones miroirs s'activeront de la même manière que s'il posait ses lèvres sur les vôtres ! De même, lire l'ardeur dans les yeux de notre amoureux.se va nous faire ressentir son excitation, qui devient alors la nôtre. Penser à un acte sexuel peut nous exalter autant que de le réaliser ! Et nous savons combien l'imaginaire a une place importante, notamment dans le fantasme, clé de voûte de l'excitation sexuelle.

LE SEXE EMBELLIT LE MONDE

La rédaction de ce livre a confronté les connaissances respectives d'une sexologue et d'un naturaliste, qu'elle a conduits aux mêmes conclusions : la sexualité et l'amour sont au centre de tout. Au cœur de l'évolution du vivant, le désir, le plaisir, la séduction, l'attachement, l'empathie ou la tendresse bouillonnent d'une foisonnante diversité et tissent un monde plus beau, plus uni, plus élevé. Plus inspiré aussi : combien de symphonies de musiques et de couleurs, combien d'œuvres d'art, qu'elles soient issues de la nature ou de création humaine, ont-elles été forgées par l'énergie incandescente des élans amoureux ?

C'est peut-être l'exigeante nécessité de la reproduction, source de pulsions et de comportements si divers, qui a offert au monde toute sa beauté.

---

1. On confond souvent empathie et compassion. L'empathie n'est qu'une conscience de la sensibilité de l'autre : un bourreau sait où faire mal, car il ressent quels sont les points sensibles de sa victime. La compassion est la conséquence positive et bienveillante de l'empathie, elle donne le désir d'aider ceux qui souffrent.

BIBLIOGRAPHIE

OUVRAGES

- Claude ARON, *La Sexualité, Phéromones et désir*, Odile Jacob, 2000.
- Claude ARON et Jean DELACOUR, *Neurobiologie des comportements*, Hermann, 1984.
- Sarah BARMAK, *Jouir. En quête de l'orgasme féminin*, Pocket, 2021.
- Catherine BELZUNG, *Neurobiologie des émotions*, Entremises Éditions, 2022.
- Jean BOTTÉRO et Samuel Noah KRAMER, *L'Érotisme sacré à Sumer et à Babylone*, Berg international, 2011
- Nina BROCHMANN et Ellen STØKKEN DAHL, *Les Joies d'en bas. Tout sur le sexe féminin*, Actes Sud, 2018.
- Jacques BRUSLÉ et Jean-Pierre QUIGNARD, *Les poissons font-ils l'amour ? Et autres questions insolites sur les poissons*, Belin, 2009.
- Marty CRUMP, *Les mâles sans cervelle font les meilleurs amants... et autres curiosités zoologiques*, Robert Laffont, 2008.
- Charles DARWIN, *L'Origine des espèces*, 1859.
- Charles DARWIN, *La Filiation de l'homme et la sélection liée au sexe*. Traduction nouvelle sous la direction de Patrick Tort, Éditions Syllepse, 1999.
- Fleur DAUGEY, *Animaux homos. Histoire naturelle de l'homosexualité*, Albin Michel, 2018.
- Alain EHRENBERG, *La Mécanique des passions. Cerveau, comportement, société*, Odile Jacob, 2018.
- Michel FAIN et Denise BRAUNSCHWEIG, *Éros et Antéros. Réflexions psychanalytiques sur la sexualité*, Petite Bibliothèque Payot, 1971.
- Joseph-Auguste FORT, *Anatomie descriptive et dissection, contenant un précis d'embryologie, avec la structure microscopique des organes et celle des tissus*, tome 3, Hachette Livre-BNF, 1866.
- Michel FOUCAULT, *Histoire de la sexualité*, tome 1 : « La Volonté de savoir », Gallimard, 1976.
- Michel FOUCAULT, *Histoire de la sexualité*, tome 2 : « L'Usage des plaisirs », Gallimard, 1984.
- Michel FOUCAULT, *Histoire de la sexualité*, tome 3 : « Le Souci de soi », Gallimard, 1984.
- Sigmund FREUD, *Trois Essais sur la théorie sexuelle*, Payot, 1905.
- Olivia GAZALÉ, *Le Mythe de la virilité. Un piège pour les deux sexes*, coll. « Agora », Pocket, 2019.
- Marc GIRAUD, *Darwin, c'est tout bête ! Mille et une histoires pour comprendre l'évolution*, Robert Laffont, 2009.

- Marc GIRAUD, *Le Kama-sutra des demoiselles. La vie extraordinaire des animaux qui nous entourent*, Robert Laffont, 2005 (Pocket, 2013).
- Marc GIRAUD, *Le Sex-appeal du crocodile, et autres histoires bestiales*, Delachaux et Niestlé, 2016.
- Benoit GRISON, *Les Portes de la perception animale*, Delachaux et Niestlé, 2021.
- Alexandra HUBIN et Caroline MICHEL, *Entre mes lèvres, mon clitoris. Confidences d'un organe mystérieux*, Eyrolles, 2018.
- Olivia JUDSON, *Manuel universel d'éducation sexuelle à l'usage de toutes les espèces*, Éditions du Seuil, 2006.
- Guillaume LECOINTRE (sous la direction de), *Guide critique de l'évolution*, Belin, 2009.
- Caroline LEPAGE, *Comme des bêtes ! Les animaux au lit*, Éditions de l'Opportun, 2019.
- Yveline LEROY, *L'Univers odorant de l'animal. Les stimulations chimiques dans les communications et les comportements des animaux*, Éditions Boubée, 1988.
- Brigitte LETOMBE, Sophie CATTEAU-JONARD et Geoffroy ROBIN, *Endocrinologie en gynécologie et obstétrique*. 2ᵉ édition. Elsevier Masson, 2019.
- Thierry LODÉ, *La Guerre des sexes chez les animaux*, Odile Jacob, 2007.
- Patrice LOPÈS et François-Xavier POUDAT, *Manuel de sexologie*, 4ᵉ édition, Elsevier Masson, 2022.
- Pierre MARIE, Marc MASSON et Yves SARFATI, *Actualités sur le plaisir. De la neurobiologie à la psychanalyse*, coll. « Polémiques », Doin, 2022.
- Marie-Claude MARSOLIER, *Le Mépris des « bêtes ». Un lexique de la ségrégation animale*, Puf « Société », 2020.
- Nicolas MATHEVON, Préface de Marc Giraud, *Les animaux parlent, sachons les écouter*, Humensciences, 2021.
- Maïa MAZAURETTE, *Sortir du trou - Lever la tête*, Anne Carrière, 2020 (Le Livre de Poche, 2021).
- Maïa MAZAURETTE, *Le Sexe selon Maïa. Au-delà des idées reçues*, Éditions de La Martinière, 2020.
- Maïa MAZAURETTE et Dr Damien MASCRET, *La Revanche du clitoris*, nouvelle édition, La Musardine, 2016.
- Yves MULLER, Jean CLOS et Éric PÉRILLEUX, *Neurobiologie cellulaire*, tome 2, Nathan, 1999.
- Emmanuelle POUYDEBAT, *Sexus animalus. Tous les goûts sont dans la nature*, Arthaud, 2021.
- Henri ROUVIÈRE et André DELMAS, *Anatomie humaine, descriptive, topographique et fonctionnelle*, tome 2, 15ᵉ édition, Elsevier Masson, 2002.
- Roland SALESSE et Rémi GERVAIS, *Odorat et goût. De la neurobiologie des sens chimiques aux applications*, Éditions Quae, 2013.
- Menno SCHILTHUIZEN, Préface de Pierre-Henri Gouyon, *Comme les bêtes. Ce que les animaux nous apprennent de notre sexualité*, Flammarion, 2016.

BIBLIOGRAPHIE

- Françoise SIRONI, *Psychologie(s) des transsexuels et des transgenres*, Odile Jacob, 2011.
- Wolf-Bernhard SCHILL, Frank COMHAIRE, Timothy B. HARGREAVE, *Traité d'andrologie à l'usage des cliniciens*. Traduction supervisée par Roger Mieusset. Springer, 2008.
- Jean-Didier VINCENT, *Biologie des passions*, Odile Jacob, 1999.
- Frans DE WAAL, *Différents. Le genre vu par un primatologue*, Les liens qui libèrent, 2022.
- Frans DE WAAL, *Sommes-nous trop « bêtes » pour comprendre l'intelligence des animaux ?* Traduction de Paul Chemla et Lise Chemla. Les liens qui libèrent, 2016.
- Frans DE WAAL, *Le Singe en nous*, coll. « Le temps des sciences », Fayard, 2006.

En anglais

- BRUCE BAGEMIHL, *Biological Exuberance : Animal Homosexuality and Natural Diversity*, Stonewall Inn Editions, 1999.
- MICHAEL OBLADEN, *Oxford Textbook of the Newborn: A Cultural and Medical History*, Oxford University Press, 2021.

ARTICLES ET DOSSIERS

- Bastien BAUJEU, « Le baculum, il y a un os… », *Espèces* n° 48, juin 2023.
- Anton BENZ, « Neurones miroirs, quel bilan trente ans après ? », *Cerveau & psycho* 144, juin 2022.
- Bruno CHAUVIN-MUCKENSTURM, « Que reste-t-il des observations classiques des objectivistes sur l'épinoche ? », *L'Année psychologique*, 1980 vol. 80, n°2.
- Jean DECETY, « Mécanismes neurophysiologiques impliqués dans l'empathie et la sympathie », Revue de neuropsychologie, 2010, 2 (2).
- Louise DUCLOS, « Le sexe chez les animaux, pas qu'une simple affaire de reproduction… », Sciencesetavenir.fr, 2015.
- Benoit GRISON, « Du flair de Waterton à l'odorat des oiseaux », *Pour la Science*, n° 512, juin 2020.
- Rémy C. MARTIN-DU PAN, « L'ocytocine : hormone de l'amour, de la confiance et du lien conjugal et social », *Revue médicale suisse*, mars 2012.
- Rachel MULOT, « Évolution : l'orgasme, un fascinant mystère », *Les Indispensables de Sciences et Avenir*, n° 208, janvier-mars 2022.
- Steven PHELPS, Zoé DONALDSON et Dev MANOLI, « L'amour est dans le pré », *Pour la Science*, n° 545, mars 2023.
- Hervé RATEL, « Les mouches aussi connaissent l'orgasme », Sciencesetavenir.fr, 2018.
- Kathleen STERN et Martha K. McCLINTOCK, « Regulation of ovulation by human pheromones », *Nature*, n° 392, 1998, p. 177-178.
- Dossier « **Les mille facettes de la sexualité** », *Thema Cerveau & Psycho*, n° 34, novembre 2022.

▶ Dossier « Cerveau, amour et désir », *L'Essentiel Cerveau & Psycho* n° 3, septembre 2010.

En anglais

▶ R. BROOKS, « All too human: responses to same-sex copulation in the common cockchafer (Melolontha melolontha (L.)), 1834-1900 », Archives of Natural History, tome 36, n° 1, Edinburgh University Press, 2009.

▶ Samuel G. DEEM, « Premature Ejaculation », Medscape, mai 2021.

▶ Ana GASCON, « Best Practices for an LGBTQ+ Friendly Medical Space », Medscape, octobre 2022.

▶ Irvin H. HIRSCH, Sidney KIMMEL, « Endocrinologie de la reproduction masculine », Medical College of Thomas Jefferson University. Examen médical, février 2023.

▶ W. H. JAMES, « The Incidence of Superfecundation and of Double Paternity in the General Population », Cambridge University Press, 2014.

▶ Samantha LANDE, « The Clitoris Steps Into the Spotlight With New Scientific Discovery », Medscape, novembre 2022.

▶ Mohammed A. MEMON, « Gender Dysphoria », Medscape, mai 2022.

▶ Nicolas A. MURUVE, « Prostate Anatomy », Medscape, septembre 2017.

▶ Agustin OLIVA, Irene SERRANO-GARCÍA, Juan E. ASENJO, Elisa CEDEIRA, Inés GIL-PRADOS, Miguel A. HERRAIZ, Pluvio J. CORONADO, « Resilience and Sexual Health Among Menopausal Women A Cross-sectional Study », Medscape, 2022.

▶ Claudia L REA, « Paraphilic Disorders », Medscape, juin 2020.

▶ David S. REITMAN, « Sexual Orientation », Medscape, mars 2019.

▶ Kerrie RUSHTON, « In Menopause, Less Sex Does Not Mean Painful Sex », Medscape, juillet 2022.

▶ Zachary W. A. KLAASSEN, « Male Reproductive Organ Anatomy », Medscape, novembre 2013.

MINI-DICO

Tous ces mots sont expliqués et développés dans des encadrés (notamment les « Nom de nom ») ou dans le texte :

Amplexus 20
Androgène 110
Andropause 115
Androsténol 46
Anulingus 100
Asexuel 180
Baubellum, ou os clitoridien 77-79
Baculum, ou os pénien 77-79
Bisexualité 161-168
Cadeaux de noces 61
Caractères sexuels (primaires et secondaires) 29
Ceinture de chasteté 132
Consentement 136-137
Contraception 179-180
Copuline 46
Cunnilingus 98-99
Différenciation génitale 82
Dimorphisme sexuel 30
Dopamine 117
Douche dorée, ou golden shower 41-42
Dysphorie de genre 174
Éjaculation féminine 89
Éjaculation masculine 88
Éjaculation précoce 94
Empathie 185-186
Érection 86
Escrime pénienne 163
Fellation 98-99
Femelle bréhaigne 168
Flehmen 40
Fleshlight 105
French kiss 118-120
Frottement des scrotums, ou *rump-rump contact* 163

Frottement génito-génital, ou *GG-rubbing* 163
Gamète 19
Gardiennage du conjoint, ou *mate guarding* 132, 177
Genre 160
Godemichet 104-105
Guerre des sexes 128
Gynandromorphe 170
Handicap séducteur 25
Hermaphrodite alternatif, ou successif 169
Hermaphrodite simultané 169
Homoparentalité 164-165
Homosexualité 161-167
Hormone 37, 107, 117
Hybridation 65-66
Hymen 85
Inceste 149-150
Kâma-Sûtra 96-98
Leurre sexuel 66
Levrette 12, 96
LGBTQA+ 161
Mâle dominant 145-146, 159
Mâle satellite 159-160
Masturbation 102-105
Maturité sexuelle 108-109
Ménopause 113-115
Missionnaire 12, 96
Neurone miroir 185-186
Ocytocine 117-118
Odeur 35, 37
Olisbos 105
Ondinisme 42
Orgasme 120-125, 142
Ovocyte 19
Ovulation 111
Ovule 19
Parade nuptiale 59
Paraphilie 44
Pédéraste 152
Pédophilie 150-154
Pénétration 20-21

Phéromone 35-37
Polyamoureux 177-178
Polyandrie 176
Polygamie 176-178
Polygynie 176
Pornographie 68
Prédateur 153
Prédateur sexuel 153
Préservatif 180
Prostitution 148-149
Règles 47, 110-113
Sapiophilie, ou sapiosexualité 181
Sélection naturelle, évolution 23, 26-27
Sélection sexuelle 24
Sentience 184
Sérotonine 117
Sex-toy 103-105
Sexe (par rapport à genre) 160
Signal honnête 25
Simulation 142-143
Sneaker 159-160
Sodomie 100-102, 147
Spermatophore 22
Spermatozoïde 19, 88-89
Superfécondation hétéroparentale 130
Symétrie 57-58
Tabou de l'inceste 149-150
Transgenrisme 172-174
Transidentité 174
Transsexualité 168-174
Trouble paraphilique 44
Urophilie 42
Verrouillage sexuel, ou *penis captivus* 95
Viol 135-136
Zoophilie 69

Remerciements de Marc Giraud

Tous mes remerciements aux amis du Muséum pour leurs conversations si enrichissantes, aux collègues naturalistes pour leurs observations de terrain, et à la vétérinaire Laetitia Barlerin pour ses avis sur les chevauchements entre chiens ou entre vaches (c'est important !). Merci évidemment à Annabelle Pongratz d'avoir accepté d'apporter son expérience sur les pathologies humaines et sur certains de nos fonctionnements, à Benoit Grison pour ses pétillants conseils et sa préface érudite, qui contextualise si pertinemment cet ouvrage.
Merci, encore et toujours, à la fidèle équipe de Delachaux et Niestlé, en premier lieu à ma chère complice Stéphanie Zweifel, éditrice bienveillante et pertinente, à Michel Larrieu, directeur des éditions, pour son enthousiasme sur ce projet et tant d'autres, à Jeanne Castoriano, Sabine Kuentz, Julia Bocquin, Coralie Matera, Catherine Levesque et les autres. Merci enfin à Fabienne Gabaude, qui a maquetté cet ouvrage complexe avec brio.

Remerciements d'Annabelle Pongratz

Un remerciement très particulier à Philippe Pongratz, pour sa patience, ses nombreuses relectures et ses contributions essentielles. Merci mon Amour.
Je remercie Mme Sidney Hurth, pour la pertinence de ses suggestions et la richesse de nos échanges.
Tous mes remerciements à Benoit Grison, source intarissable de connaissances et d'inspiration.
Merci à Maman, Audrey et Lucas, d'avoir été à mes côtés, de tout temps.
Merci à la professeure Sophie Caillard-Ohlmann d'être si exceptionnelle.
Un immense remerciement à tous les laboratoires qui, à ce jour, utilisent les modèles alternatifs à l'expérimentation animale.

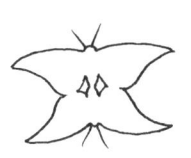